W0057886

CAPITALISM KILLS LOVE

MARC BROST
HEINRICH WEFING

GEHT ALLES GAR NICHT

WARUM WIR KINDER,
LIEBE UND KARRIERE NICHT
VEREINBAREN KÖNNEN

ROWOHLT

Für Insa und Konrad und Matteo

1. Auflage April 2015
Originalausgabe
Copyright © 2015 by Rowohlt Verlag GmbH,
Reinbek bei Hamburg
Satz Utopia PostScript
Gesamtherstellung CPI books GmbH,
Leck, Germany
ISBN 978 3 498 00415 6

Ich müsste wirklich mal wieder an den See fahr'n,
aber mach ich nicht.

Kill die Bar, hau mich raus,
aber schlafen kann ich nicht.

Immer zehntausend Dinge auf einmal und nichts
		wird fertig.

Starkstrom an und nie aus,
Menschenmeer und ich menschenleer.

Und ich renn, ich renn, ich renn,
ich renn, ich renn.
Als hätten wir vier Leben,
doch wir haben nur eins.
Als könnten wir vier Leben leben,
als müssten wir überall sein.

Und ich renn und ich renn und ich renn,
dem einen hinterher,
als hätten wir vier Leben – vier.

(«Vier Leben», Bosse)

INHALT

SCHLUSS

VORWEG

Sind wir gerne Väter?

Ja, absolut, von ganzem Herzen.

Arbeiten wir gerne in unserem Beruf?

Ja, leidenschaftlich gerne.

Und, geht beides zusammen?

Die übliche Antwort lautet: Ja, klar. Manchmal hakt es ein bisschen, manchmal sind alle ein bisschen erschöpft – Vater, Mutter, Kinder. «Urlaubsreif» nennen wir das. Aber im Großen und Ganzen gibt es kein Problem. Wir sind ja prima organisiert, im Job und zu Hause, wir sind diszipliniert, wir wollen, dass alles klappt. Also klappt es auch, irgendwie.

Die Wahrheit ist: Es ist die Hölle.

Wir sind permanent müde, haben Ringe unter den Augen, schlafen schlecht. Wir sind ständig nervös, wie gehetztes Wild. Wenn wir morgens aufwachen, fällt uns sofort ein, was wir alles schaffen müssen. Wenn wir abends ins Bett fallen, wissen wir, dass wir wieder nur die Hälfte von dem erledigt haben, was eigentlich anlag.

Wir trinken unseren Kaffee im Gehen, wir essen im Stehen. Und wenn wir nach Hause kommen, nach einer Dienstreise, einem turbulenten Meeting, einer Brüllerei am Telefon, sind wir abgekämpft und angespannt. In unserem Kopf tobt noch der Tag, beschäftigen uns all die Dinge, die wir gesagt und getan haben. Dann braucht es nur ein Wort, nur eine falsche Bemerkung – und es gibt Streit.

Es geht einfach nicht zusammen.

Wir haben nie genug Zeit für unsere Kinder.

Wir haben nie genug Zeit für unsere Partner.

Und wir haben nie genug Zeit für unseren Job.

Es gibt kein Modell, das funktioniert, nirgends. Für Mütter nicht und für Väter ebenso wenig. Davon handelt dieses Buch.

Klingt das frustriert? Womöglich. Aber wir sind gar nicht frustriert. Sondern verärgert.

Wir ärgern uns darüber, dass uns permanent suggeriert wird, alles ließe sich mit allem vereinbaren, es sei nur eine Frage der Organisation. Dieses Bild begegnet uns überall. Wir meinen damit nicht die Hochglanzillusion der Margarinewerbung. Wir reden nicht von den Aufnahmen perfekter Familien, einer schönen Frau mit kernigem Mann im Kaschmirpullover und hübschen Kindern, allesamt lachend, auf einem Sofa in einem lichtdurchfluteten Raum, wie an einem ewigen Sonntag. Wir wissen schon, dass uns da etwas vorgemacht wird.

Nein, wir ärgern uns über eine Politik, die hartnäckig behauptet, mit wenigen Monaten Elternzeit und ein paar Kita-Plätzen mehr lasse sich Deutschland in ein Familienparadies verwandeln. Und wir ärgern uns darüber, dass diese Politik vorwiegend von Menschen betrieben wird, die entweder selbst keine Kinder haben oder achtzig Stunden die Woche ackern, auf Adrenalin surfen und selbst nie genug Zeit für ihre Familie haben.

Wir ärgern uns über Wirtschaftslobbyisten, die uns weismachen wollen, flexiblere Arbeitszeiten seien das

Zaubermittel, um alle Probleme zu lösen – und dabei ganz andere Interessen verfolgen.

Und, klar, wir ärgern uns auch über uns selbst: darüber, dass wir den widerstreitenden Anforderungen nicht gerecht werden. Und darüber, dass wir deswegen fast ständig ein schlechtes Gewissen haben.

Und weil wir uns viel zu häufig ärgern, denken wir, dass irgendwann Schluss sein muss mit dieser Vereinbarkeitslüge. Irgendwann müssen wir anfangen zu reden. Manche mögen profitieren vom Schweigen und Herumdrucksen, für manche mag es bequemer sein, sich an den gesellschaftlichen Illusionen festzuklammern. Uns Vätern und Müttern ist damit nicht geholfen und auch nicht unseren Kindern.

Deshalb werden wir die Ursachen der permanenten Überlastung beschreiben und deren teils dramatische Folgen, für Männer wie Frauen und für die Gesellschaft insgesamt. Wir werden erklären, warum über die Vereinbarkeitslüge so hartnäckig geschwiegen wird. Wir werden das Versagen einer Familienpolitik analysieren, die Jahr für Jahr mehr als 200 Milliarden Euro für Programme ausgibt, die erkennbar nichts bewirken, und die Modelle und Positionen propagiert, die das Problem eher weiter verschärfen. Und wir skizzieren ein paar Ideen, wie wir mit der ständigen Überforderung besser umgehen können, als Väter und Mütter, als Paare und als Gesellschaft. Das Entscheidende dabei ist, davon sind wir überzeugt, überhaupt ins Gespräch zu kommen. Das ist das Ziel dieses Buches.

Seit wir uns mit dem Thema Familie und Beruf beschäftigen, vor allem, seit wir darüber in unserer Zeitung einen längeren Artikel geschrieben haben, begegnen uns immer wieder drei Einwände. Sie werden vielleicht auch Ihnen durch den Kopf schießen.

Der erste Einwand lautet: Ihr Heulsusen! Tut euch doch bitte nicht so furchtbar leid. Ihr wisst ja gar nicht, wie gut ihr es habt, anderen ergeht es viel schlechter. Natürlich ist da etwas dran: Kinder zu haben war nie leicht. Früher starben jeden Tag Säuglinge, herrschte Hunger, verheerten Kriege das Land. Es gab existenzielle Sorgen und Nöte, neben denen sich unsere Probleme marginal ausnehmen. Und mal ehrlich: Wir sind relativ gut situierte Mittelschichtseltern. Wir brauchen keine zwei oder drei Jobs gleichzeitig, damit wir über die Runden kommen, so wie manch andere Eltern in diesem Land. Wir haben keine Überlebenssorgen. Aber Lebenssorgen sind es dennoch.

Häufig wird uns Vätern auch entgegengehalten, vor allem von Frauen: Guten Morgen, die Herren, auch schon in der Wirklichkeit aufgewacht? Begreift ihr endlich, womit wir Mütter uns seit Jahren herumschlagen? Sicher, Familie und Beruf, das war lange ein Frauenthema. Männer steigen erst seit kurzem darauf ein. Vielleicht hätten wir das schon früher tun sollen. Aber was folgt daraus? Sollen wir deshalb für alle Zeit schweigen?

Dieses Buch haben zwei Väter geschrieben, aber es ist kein Männerbuch. Natürlich kennen wir die männliche Perspektive besser als die weibliche, und womöglich sehen wir manches anders als Frauen. Vieles von dem jedoch, das wir beschreiben, ist einfach die Vätersicht auf Probleme, die Frauen genauso betreffen. Und wir wissen, dass vor allem alleinerziehende Mütter – und gerade solche, die mit wenig Geld auskommen müssen – es unendlich viel schwerer haben als wir. Wir kämen nie auf den Gedanken, das in Frage zu stellen.

Aber es bringt nichts, in einen Wettbewerb der Benachteiligten einzusteigen. Vielleicht ist das auch schon eine der wichtigsten Botschaften unseres Buches: Auch Männer können sich überfordert fühlen von Familie und Beruf. Auch Männer sind traurig, wenn sie ihre Kinder kaum sehen. Auch Männer nehmen wahr, dass da etwas gründlich schiefläuft in vielen Familien. Bislang fehlte dieser Aspekt in der familienpolitischen Debatte. Jetzt wäre erstmals die Möglichkeit da, gemeinsam für Verbesserungen in den Familien zu kämpfen. Für Frauen und Männer. Und für die Kinder.

Der dritte Einwand schließlich: Okay, böse Sache, alles nicht so einfach, aber wenn es euch dermaßen belastet, dann ändert halt was. Trefft ein paar Entscheidungen! Das ist ein Rat, den wir Väter immer wieder hören, von unseren Vätern zum Beispiel. Das ist es auch, was wir uns selbst immer wieder vornehmen: nach den Wochenenden. Vor den Urlauben. Zu Beginn jedes Jahres. Und dann merken wir, dass es wieder nicht klappt und es uns unendlich schwerfällt, unser Leben zu ändern. Woran das liegen könnte, auch darum geht es in diesem Buch.

Noch eine letzte Bemerkung vorweg. Wenn über die Vereinbarkeit von Kindern und Job geredet wird, dann entsteht oft der Eindruck, das sei ein Problem der Ehrgeizigen, der Überambitionierten, der Väter und Mütter, die den Hals nicht voll genug bekommen könnten. Aber das stimmt nicht. Es trifft genauso die vielen Supermarktangestellten, die Busfahrer und Krankenschwestern. Und die können – im Unterschied zu Büroangestellten – nicht einfach mal von zu Hause arbeiten. Sie können sich, anders als die obere Mittelschicht, meist auch keine Hilfe dazukaufen. Die Arbeit frisst sie alle auf.

13

Das belegen auch die Interviews mit zehn Männern (und einer Frau), die wir für dieses Buch geführt haben. Es sind Gespräche über den Alltag von Vätern in Deutschland, lauter Nahaufnahmen, die zeigen, was das Leben in der Überlastung so schwermacht – und welches Glück Kinder dennoch sind. Einige der Väter haben uns darum gebeten, anonym bleiben zu können, weil sie sehr offen über intime Erfahrungen gesprochen haben. Inhaltlich aber sind alle Gespräche authentisch, wenn auch mitunter stark gekürzt.

Liest man sie alle, versteht man rasch, dass das Problem der Vereinbarkeit nicht nur eines von Staranwälten, Klinikchefs oder Berufspolitikern ist. Und deshalb handelt dieses Buch auch nicht von denen ganz oben, sondern von ganz normalen Leuten, die über die Runden kommen wollen und sich dabei permanent selbst ausbeuten. Dieses Buch handelt, um eine Formulierung der Kolumnistin Sibylle Berg zu benutzen, von gehetzten Menschen in der Lebensmitte, die bei jeder Zusatzbelastung, jedem unvorhergesehenen Ereignis, von der Steuernachzahlung bis zum Einsturz des Daches, einfach nur auf den Boden fallen und schreien möchten.

Diese gehetzten Menschen, das sind wir.

Willkommen in unserer Welt.

Stefano (43):
«Ich bin unpünktlich, abgehetzt, immer müde»

Wie viel hast du heute Nacht geschlafen?
Ungefähr vier Stunden.
Was arbeitest du?
Ich bin Kellner in einem italienischen Restaurant in Berlin.
Ist das dein Traumberuf?
Eigentlich schon. Als ich 17 war, habe ich in Florenz in einer Bar gearbeitet, das war toll, ich hatte mit Gästen aus allen möglichen Ländern zu tun. Das ist im Restaurant in Berlin jetzt genauso.
Wie muss ich mir deinen Arbeitstag vorstellen?
Ich arbeite entweder von 12 bis 18 Uhr oder von 18 Uhr bis zum Schluss, das ist um ein Uhr morgens, manchmal auch erst um zwei. Wenn ich nach Hause komme, bin ich noch so aufgedreht, dass ich auch nicht gleich einschlafen kann. Dann wird es auch schon mal drei Uhr. Ich arbeite fünf oder sechs Tage die Woche. Und ich versuche eigentlich immer, die Spätschicht zu bekommen, damit ich mich tagsüber um die Kinder kümmern kann.
Wie alt sind deine Kinder?
Sieben und drei. Es sind zwei Mädchen.
Arbeitet deine Frau?
Ja. Sie war fast sieben Jahre zu Hause und hat sich um alles gekümmert. Wenn ich spät nach Hause kam, hat sie morgens die Kinder versorgt, in die Kita gebracht

und wieder abgeholt. Das geht jetzt nicht mehr. Sie arbeitet in einem Hotel, das geht von 6.30 Uhr bis 15.30 Uhr, manchmal auch von 9 Uhr bis 17.30 Uhr. Sie arbeitet fast immer am Wochenende, manchmal auch beide Tage.

Und wenn sie morgens um halb sieben anfängt, nachdem du nachts lange gearbeitet hast?

Dann stehe ich auf, bringe die Kinder in die Schule und in den Kindergarten. Gehe einkaufen. Putze die Wohnung. Kümmere mich um alles. Hole die Kinder wieder ab. Und gehe dann arbeiten. Aber das ist nicht die Regel.

Was ist die Regel?

Knapp wird es, wenn sie bis um 17.30 Uhr arbeiten muss und ich um 18 Uhr anfangen soll. Dann bringe ich die Kinder zu ihr ins Hotel, hetze mit dem Auto durch die Stadt und komme trotzdem zehn Minuten zu spät zur Arbeit. Anfangen heißt bei uns: Ausgeruht und umgezogen im Restaurant zu stehen. Aber das schaffe ich nicht. Ich bin unpünktlich, abgehetzt, immer müde. Meine Kollegen sagen nichts. Aber das ist natürlich nicht gut.

Als deine Frau wieder angefangen hat zu arbeiten, muss euch doch klar gewesen sein, dass es schwierig würde.

Natürlich haben wir vorher darüber geredet. Wir haben keine Eltern, die uns helfen könnten. Und eine Nanny können wir uns nicht leisten. Aber für meine Frau war es wichtig, wieder arbeiten zu gehen, wieder Geld zu verdienen, wieder ein eigenes Konto zu haben. Und ganz ehrlich: Wir brauchen dieses Geld auch.

Woran sparst du?

An mir selbst. Ich bin früher viel Fahrrad gefahren. Ich

bin auch gern schwimmen gegangen. Aber das mache ich nicht mehr. Mein Rennrad verrottet im Keller, und schwimmen war ich schon lange nicht mehr. Ich bin sehr oft einfach nur müde, habe viel weniger Energie als früher. Ich hebe mir meine Energie für die Kinder auf.

Was macht das mit deiner Ehe?

Wir reden viel über die Kinder, aber wenig über uns. Manchmal sind «Hallo» und «Tschüs» sogar die einzigen Worte, die wir miteinander wechseln, weil wir zu mehr gar nicht die Zeit haben. Es kommt vor, dass wir ein, zwei Tage fast gar keinen Kontakt haben, obwohl wir im selben Bett schlafen, nur zu unterschiedlichen Zeiten.

Was würde euch helfen?

Auf jeden Fall jemand, der uns unterstützt und den wir auch bezahlen könnten. Ich kann ja schlecht von zu Hause arbeiten, wenn eines der Kinder mal krank ist.

Und deine Kollegen, die keine Kinder haben?

Sind immer entspannt. Die haben mehr Zeit für sich selbst. Ich glaube nicht, dass sie glücklicher sind. Aber entspannter sind sie auf jeden Fall.

KAPITEL 1
VÄTERGLÜCK

Sonntagmorgen, ein Bolzplatz irgendwo in Deutschland. Wie jedes Wochenende kickst du mit anderen Vätern gegen die Jungs. Dein Sohn hat sich seit Tagen auf dieses Spiel gefreut und du dich auch. Du hast dich um halb acht hochgequält, obwohl du gern ausgeschlafen hättest, wenigstens einmal diese Woche. Du hast den Kaffee heruntergestürzt, hast deine Sportsachen aus dem Wäschekorb gefischt, Wasserflaschen gefüllt und fluchend seine kleinen Schienbeinschoner gesucht.

Jetzt steht ihr beide auf dem Platz, der Rasen ist noch feucht, die Sonne kommt langsam durch. Dein Sohn rennt, er kämpft, er strahlt, seine Wangen sind feuerrot. Du spielst auch mit, irgendwie. Aber in Wahrheit ist es nur eine Hülle, die da spielt. Denn mit deinen Gedanken bist du ganz woanders. Bei der Mail deines Vorgesetzten, die kurz vor Spielbeginn angekommen ist. Beim nächsten Meeting, am Montagmorgen. Bei deiner Arbeit, die du dir mit ins Wochenende genommen hast, wie so oft in der letzten Zeit.

Und dann kommst du nach Hause und fragst dich, warum es schon wieder nicht möglich war, sich so richtig einzulassen auf das Spiel. Warum du wieder nicht abschalten konntest. Und dabei hörst du gar nicht, wie dein Sohn von dir wissen will, ob du eigentlich das Tor gesehen hast, das er vorhin geschossen hat. Erst als er an deinem Ärmel zerrt und noch mal fragt, horchst du auf.

Jeder Gedanke an die Arbeit, jeder unaufmerksame Moment ist ein kleiner Verrat. Wieder eine Minute, die du für den Job opferst, obwohl du doch fest versprochen hattest, an diesem Wochenende wirklich nur für die Familie da zu sein. Wieder diese Zerrissenheit.

Was läuft da bloß schief? Jeder, der Kinder hat, kennt das Dilemma. Berufstätige Mütter vor allem, aber zusehends häufiger eben auch Väter. Je mehr Zeit Männer mit ihren Kindern verbringen, desto stärker erleben sie, was für Frauen mit Jobs schon lange der wichtigste Stressfaktor ist: dass der Tag immer zu wenig Stunden hat. Dass man immerzu drei, vier Dinge gleichzeitig jonglieren muss. Dass der Beruf der Familie in die Quere kommt und, ja, immer öfter auch die Familie dem Beruf.

Ständig haben wir das Gefühl, alles nur hinzuschludern, nichts wirklich richtig zu machen, nie ganz bei der Sache zu sein. Nicht im Büro, nicht in unserer Beziehung und auch nicht, wenn wir Zeit mit unseren Kindern verbringen.

Geht alles gar nicht.

Diese Erfahrung werden künftig immer mehr Männer machen. Denn immer mehr Männer helfen zu Hause mit – viele längst ziemlich selbstverständlich –, beim Einkaufen, beim Kochen, beim Wickeln, bei der Wäsche. Sie gehen mit ihren Kindern auf den Spielplatz, zum Sport und zum Arzt. Sie quälen sich durch die Elternabende, genau wie die Mütter und sitzen dabei, wenn ihre Kinder die Schulaufgaben machen. Noch ist das alles nicht gleich verteilt, keine Frage. Frauen erledigen mehr im Haushalt, deutlich mehr, aber die Schere schließt sich, der Trend ist eindeutig: Noch vor fünfzig

Jahren leisteten Väter im Schnitt vier Stunden pro Woche Hausarbeit. Heute sind es immerhin schon zehn Stunden pro Woche.

Was aber noch wichtiger ist, geradezu revolutionär: Noch nie, in keiner Generation vor uns, haben Väter so viel Zeit mit ihren Kindern verbracht wie wir. Die aktuellsten Zahlen dazu stammen aus den USA. Dort stand ein Vater im Jahr 2011 im Durchschnitt dreimal länger auf dem Spielplatz oder am Wickeltisch als noch 1965. In Deutschland sind Väter ihrem Nachwuchs mittlerweile ebenfalls so nahe, wie das noch eine Generation früher kaum vorstellbar war. Es ist keine große Übertreibung zu behaupten: Wir sind die Generation Vater.

Manchmal, wenn du im Keller die alten Fotoalben aus deiner eigenen Kindheit findest und darin herumblätterst, dann entdeckst du: einen Mann, viel jünger als du selbst heute, der unbeholfen einen Kinderwagen durch die Gegend schiebt. Einen Mann auf Skiern, den Sohn zwischen den Beinen, wie er ganz langsam die Piste hinunterfährt. Eine Fahrradtour. Ein Picknick auf einem Rastplatz neben der Autobahn. Der Mann, den du da siehst, das ist dein eigener Vater. Und natürlich würdest du gerne wissen, wie es ihm damals so ging. Ob er viel zu bewältigen hatte und wie er sein Leben als Vater und Ehemann empfand.

Aber du weißt auch: Du willst nicht so sein wie er. Du willst nicht bloß Geld nach Hause bringen und am Wochenende den Patriarchen geben – eine völlig absurde Vorstellung. Du willst mit deinen Kindern spielen, mit ihnen kochen und lernen, willst ihnen zuhören, wenn sie etwas auf dem Herzen haben, und willst sie trösten, wenn es sein muss. Wann immer es sein muss. «Was gehen mich die Kinder an, ich mach Karriere!» – das ist für uns keine denkbare Haltung mehr.

Als unsere Väter noch jung waren und wir klein, sollten Männer vor allem nützlich sein. Sie sollten den Großteil des Haushaltseinkommens verdienen; der Familie durch einen angesehenen und gutbezahlten Job sozialen Status verschaffen; die Ausbildung der Kinder finanzieren. Manchmal haben unsere Väter durchblicken lassen, wie stolz sie darauf waren, uns ein wirtschaftlich halbwegs sorgenfreies Leben ermöglicht zu haben.

«Abwesende Väter», nennt der dänische Familientherapeut Jesper Juul diesen Typ Männer. «Sie versuchten Vater zu sein, in dem sie in ihrem Heim die führende und bestimmende Funktion übernahmen, doch waren sie fast unsichtbar, emotional unerreichbar und so gut wie nie präsent.» Sie waren die einsamen Patriarchen an der Spitze des Familiengefüges.

Und wir, ihre Söhne, haben weitgehend ohne sie gelebt, als wir Kinder waren. Wenn wir unsere Hausaufgaben gemacht hatten, dann riefen unsere Mütter, geht raus, spielen, seid zum Abendessen wieder da. Und genau das haben wir gemacht. Wir sind um die Häuser gezogen und durch die Gärten. Haben Fußball gespielt, überall, wo es gerade ging, sind mit den Fahrrädern herumgefahren. Die Nachmittage waren eine endlose Zeit ohne Verpflichtungen. Und ohne Väter. Die tauchten irgendwann abends auf, mal früher, häufig später, und wollten von uns eigentlich nicht besonders viel wissen.

Das ist bei uns anders.

Denn bei aller Erschöpfung, allem Stress: Es ist wunderschön, Kinder zu haben. Sie sind das Beste, was uns je widerfahren ist. Sie bescheren uns all diese wunderbaren

Momente, wenn für ein paar Sekunden die Welt stehen zu bleiben scheint und alle Last von uns abfällt.

Etwa, wenn deine kleine Tochter auf dem Bürgersteig neben dir geht und sich ihre Hand auf einmal in deine schiebt.

Wenn ihr gemeinsam Kinderfotos anschaut und du feststellst, wie unfassbar groß sie schon geworden ist. Und sie sich gar nicht mehr in dem Baby wiedererkennt, das sie doch eben gerade noch war, eigentlich erst gestern.

Wenn dein Sohn einen Nassrasierer aus Legosteinen baut und sich morgens im Bad neben dich stellt, um sich gleichzeitig mit dir zu «rasieren».

Wenn du das erste Mal mit ihm im Stadion bist, bei einem Spiel deines Lieblingsvereins – und er dich hinterher in den Arm nimmt, weil diese elende Gurkentruppe schon wieder verloren hat.

Wenn ihr gemeinsam am Ufer eines Sees steht, die Hände in den Hosentaschen vergraben, kein Wort sagt, hinaus aufs Wasser blickt und den Wolken zuschaut.

Wenn er heimlich dein Aftershave benutzt. Und ringen und boxen will. Und wenn ihr jeden Abend noch eine Kissenschlacht macht. Das sind so Momente. Und unzählige mehr.

Kinder zu haben bedeutet eben nicht nur: Stress, Stress, Stress. Es bedeutet auch: Glück, Glück, Glück. Es gibt eigentlich keine anderen Menschen, mit denen wir so gerne zusammen sind – unsere Partnerinnen einmal ausgenommen. Wir genießen die Zeit mit unseren Kindern, selbst wenn sie gerade mal nerven. Wenn sie sich streiten. Wenn sie uns mit dem ganzen aufreizenden Desinteresse, der pubertären Herablassung anschauen, zu der nur

23

Vierzehnjährige in der Lage sind, und sagen: «Ach, Papa. Du bist peinlich.» Oder: «Eltern sind so ungeil.»

Auch unsere Väter haben uns geliebt, als wir klein waren, klar. Aber wir wollen dieser Liebe mehr Zeit und Raum geben, als unsere Väter das getan haben oder tun konnten. Warum wir uns stärker nach Nähe zu den eigenen Kindern sehnen, lässt sich gar nicht leicht sagen. Gewiss hat es mit der Auflösung der alten Rollenmodelle zu tun, mit der fortschreitenden Gleichberechtigung, vermutlich auch mit der generellen Abrüstung im Verhältnis der Generationen, die Familienforscher beobachten. Noch nie ging es zwischen den Altersgruppen, alles in allem, derart harmonisch und entspannt zu wie heute.

Einen anderen, tiefer weisenden Gedanken hat der Soziologe Heinz Bude formuliert. Er sieht im gewachsenen Bemühen der heutigen Väter um ihre Kinder einen Ausdruck von Angst, genauer: der Angst vor Einsamkeit in unserer zerfasernden Welt. Heute gibt es keine lebenslangen Arbeitsverhältnisse mehr, verschwinden große Firmen genauso rasch wie politische Grenzen. Institutionen zerbröseln, Beziehungen lösen sich, vierzig Prozent aller Ehen enden in der Scheidung. «Die einzig unkündbaren Beziehungen, die es heute noch gibt», schreibt Bude, «sind die Beziehungen zwischen Eltern und Kindern.»

Man bleibt Eltern seiner Kinder, auch wenn diese längst das Elternhaus verlassen und eine eigene Familie gegründet haben, «und man bleibt zeitlebens Kind seiner Eltern, auch wenn diese altersschwach und geistesverwirrt geworden sind», schreibt Bude: «Das ‹Blut ist ein ganz besonderer Saft›, es bindet noch in der Trennung und überdauert den Tod.»

Aber warum auch immer wir so gern Zeit mit unseren Kindern verbringen – es ist nie genug. Immer sitzt uns noch der Job im Nacken. Immer haben wir noch tausend Sachen auf dem Zettel stehen. Und wann haben wir uns eigentlich das letzte Mal in Ruhe mit unserer Partnerin unterhalten?

Am Ende läuft alles auf eine einzige Frage hinaus. Eine Frage, die ständig in uns wühlt und bohrt und selbst am Wochenende hinter jeder Ecke lauert. Warum, verdammt noch mal, ist es so schwer, alles miteinander zu vereinbaren – das Vatersein, die Liebe und den Job?

DIE GRÜNDE
DER VEREINBARKEITSLÜGE

Frank (36):
«Wir verabschieden uns gerade von unseren Träumen»

Wann bist du gestern Abend nach Hause gekommen?
Das war so kurz vor sieben. Wir haben dann alle zusammen gegessen, meine Frau, unsere beiden Kinder
und ich. Danach habe ich den beiden noch etwas vor-
gelesen und sie ins Bett gebracht. Meine Frau ist dann
rüber zu ihren Eltern, um ihnen noch zu helfen, sie
wohnen gleich gegenüber von uns.

Was arbeitest du?
Ich arbeite bei einer Sparkasse auf dem Land, als Fir-
menkundenbetreuer, ich kümmere mich um Kredite
für kleinere und mittelgroße Unternehmen; das kann
ein Handwerker mit ein paar Angestellten sein oder
auch eine größere Firma. Ich fahre ungefähr eine Drei-
viertelstunde mit dem Auto zur Arbeit. Ich sitze jeden
Tag anderthalb Stunden im Auto. Ich habe schon ein
paarmal versucht, bei einer Bank in der Nähe unter-
zukommen, aber es ist im Augenblick ja nicht so, dass
die Jobs in meiner Branche auf der Straße liegen. Die
Zeit im Auto ist für mich verlorene Zeit. Klar, ich höre
Nachrichten oder auch mal ein Hörbuch. Aber es zieht
sich einfach.

Was macht deine Frau?
Sie ist Zahnarzthelferin, also das heißt, sie war es. Unsere Töchter sind sieben und drei Jahre alt. Eigentlich
wollte meine Frau wieder arbeiten gehen, sobald unsere Kleinste im Kindergarten ist, sie hätte sogar wie-

der in der Praxis anfangen können, in der sie bis zur Geburt unserer Großen gearbeitet hat.

Aber?

Diese Praxis gibt es inzwischen nicht mehr. Und meine Frau hat bei uns im Dorf und auch in den Nachbargemeinden keinen Job gefunden. Es wäre aber ziemlicher Quatsch, jeden Tag eine halbe Stunde irgendwohin- und wieder eine halbe Stunde zurückzufahren, nur damit sie dort halbtags in ihrem Beruf arbeiten kann. Den ganzen Tag arbeiten kann sie aber auch nicht, weil die Kinder ja aus der Schule und dem Kindergarten kommen. Wir haben keine Ganztagsbetreuung. Meine Frau ist natürlich enttäuscht, dass sie keine Arbeit findet. Das nagt ganz klar an ihr.

Und die Großeltern? Die wohnen doch gleich nebenan?

Auf die hatten wir, ehrlich gesagt, gehofft. Es sind die Eltern meiner Frau, und sie haben uns auch immer sehr unterstützt. Aber nun ist mein Schwiegervater sehr krank geworden, und meine Frau kümmert sich um ihn. Sie hat keine Geschwister, sie macht das alleine.

Was heißt das?

Sie kauft ein, putzt die Wohnung, kocht für ihre Eltern. Weil sich der Zustand ihres Vaters so verschlechtert hat, wäscht sie ihn und bringt ihn abends ins Bett, wenn ihre Mutter einfach nicht mehr kann.

Warum holt ihr keine Hilfe?

Das will meine Schwiegermutter nicht. Ich habe das einmal angesprochen, ob sie nicht jemand engagieren wolle, nur für ein paar Stunden. Aber sie weigert sich. Ich glaube, sie empfindet das als Einmischung, vielleicht ist es ihr auch unangenehm, eine fremde Person in der eigenen Wohnung um sich zu haben. Vielleicht würde sie sich dann selbst schwach vorkommen, weil sie nicht in der Lage ist, sich allein um den eigenen Mann zu kümmern, wer weiß. Auf jeden Fall war es ein Fehler, dass ich es angesprochen habe. Wir hatten ein Riesentheater, meine Schwiegermutter ist total ausgeflippt, und dann haben auch noch meine Frau und ich uns gestritten. Meine Frau ist mit den Nerven ja auch ziemlich runter, die Situation überfordert sie, aber sie wollte eben nicht, dass ich was sage. Das Ganze belastet uns sehr.

Wie geht es bei euch weiter?

Ich denke, wir verabschieden uns gerade beide von unseren Träumen. Es ist uns nie darum gegangen, eine fette Karriere zu machen. Ich war früher bei einer Großbank, da bin ich weggegangen, weil ich nicht so ein glatter Karrierebanker werden wollte. Wir haben zwei tolle Kinder und ein kleines Häuschen – es ist wirklich klein! –, wir haben Schulden, aber das geht alles. Wir hatten beide nur nie daran gedacht, gleichzeitig Kinder großziehen und die eigenen Eltern pflegen zu müssen. Wir hatten wahrscheinlich geglaubt, dass wir wieder Zeit für uns, für unsere Ehe haben, sobald die Kinder aus dem Gröbsten raus sind. Aber bei unseren Eltern rutschen wir jetzt ins Gröbste rein.

KAPITEL 2
TEMPO

Sicher, es gibt auch andere. Es muss sie geben, Menschen mit wahnsinnig viel Zeit. Menschen, die jeden Tag stundenlang Fernsehen schauen oder sich im Internet in irgendwelchen Online-Foren herumtreiben. Die ihre Stunden bei Facebook oder YouTube vernichten und die neuen Folgen von «Games of Thrones» und «The Wire» immer schon vor uns gesehen haben. Menschen, die in ihren Autos mit Tempo vierzig über die Stadtautobahn zuckeln, wenn wir ganz schnell unser Kind aus der Kita abholen müssen, eine halbe Stunde nach dem vereinbarten Termin. Menschen, die ihre Zeit in Straßencafés verbringen und Proust lesen. Oder das Feuilleton der *FAZ*, nicht nur die Schlagzeilen bei *Spiegel Online*.

Schöne Grüße an diese Leute. Wir beneiden euch, ehrlich. Wir wären gern ein wenig mehr wie ihr. Aber wir haben gerade einfach keine Zeit dafür. Wir kommen nicht einmal mehr damit nach, unsere To-do-Listen zu aktualisieren. Wir sind fast ständig am Limit. Wir sind genervt und gereizt zugleich. Es fällt uns immer schwerer, stillzusitzen, uns über längere Zeit zu konzentrieren, eine Stunde lang ein Buch zu lesen, ohne zwischendurch aufs Smartphone zu schauen. Wir können es kaum mehr ertragen, wenn am Geldautomaten zwei Leute vor uns stehen. Warum brauchen die so lange? Verdammt, warum trödeln die so?

Zeitnot ist in den westlichen Industriegesellschaften

ein Virus, der alle Bevölkerungsschichten befallen hat. Das gilt für Menschen mit Kindern ganz genauso wie für Kinderlose. Mehr Zeit zu haben wünscht sich fast jeder in Deutschland, sieht man vielleicht einmal von der Gruppe der Zwangsentschleunigten ab, den Alten und Kranken, den Arbeitslosen und Behinderten. Als das Meinungsforschungsinstitut Forsa Ende 2013 nach den Vorsätzen für das neue Jahr fragte, fiel 57 Prozent der Teilnehmer zuallererst «Stress vermeiden und abbauen» ein. Etwa die Hälfte der Befragten wünschte sich «mehr Zeit» – für Freunde und die Familie.

Mehr Zeit!, das ist der Stoßseufzer unserer Gesellschaft. Zeit ist der wahre Luxus, die große Sehnsucht. Die unerfüllte Hoffnung.

Für die Unvereinbarkeit von Kindern, Beruf und Liebe gibt es viele Gründe: unklare Rollenmodelle, übersteigerter Ehrgeiz, entsichertes Bindungsverhalten, das Versagen von Wirtschaft und Politik und manches mehr. Wir werden auf all das zu sprechen kommen. Im Kern aber, daran besteht kein Zweifel, haben wir es mit einem Zeitproblem zu tun. Genauer: mit einer beispiellosen Verdichtung von Arbeit und Zeit, die für uns gar nicht mehr zu bewältigen ist.

Wir erleben die permanente Gleichzeitigkeit von Überlastung und Beschleunigung. Was das konkret bedeutet, zeigen zum Beispiel Studien amerikanischer Soziologen, die untersucht haben, mit welchem Tempo sich Passanten in 31 großen Städten der Erde bewegen. Sie kamen zu dem Ergebnis, dass die Geschwindigkeit innerhalb nur eines Jahrzehnts um rund zehn Prozent zugenommen hat. Und das nicht etwa, weil die Menschen das schön finden oder sich fit halten wollen. Sondern weil wir in einer Welt leben, in der fast alle danach streben, immer mehr in immer kürzerer Zeit zu schaffen.

Jeder kennt das aus eigener Erfahrung. Die ständige Nervosität. Die fast permanente Anspannung. Das Gefühl, nie alles zu schaffen, was zu erledigen wäre. Ein Freund, ein erfolgreicher, gut verdienender Unternehmensberater, erzählte letztens, er stehe morgens mit Bauchschmerzen auf und komme abends schlechtgelaunt heim. Warum er sich das eigentlich antue, habe ihn seine Frau gefragt. Tja, warum? Warum unterwerfen wir uns selbst diesem Beschleunigungswahn? Wieso versuchen wir, immer schneller zu werden, immer mehr in noch kürzerer Zeit zu schaffen?

Wenn wir uns das in all der Hektik überhaupt einmal fragen, dann neigen wir zu simplen Erklärungen: Schuld ist der E-Mail-Terror. Das beschissene Smartphone, das wir keinen Moment aus der Hand legen können. Der Chef, der nie lockerlässt und vorzugsweise am Sonntag Aufträge verteilt, wenn wir gerade mal runterzukommen versuchen. Und schuld sind natürlich auch wir selbst, weil wir uns dauernd ablenken lassen. Weil wir rangehen, wenn der Chef anruft oder ein wichtiger Kunde, egal wann. Oder weil wir einfach zu viel wollen.

Nur: So simpel ist es nicht. Sicher, viel von dem Stress, der uns plagt, produzieren wir selbst. Der perfektionistische Wahn, immer gut, nein: noch besser sein zu müssen. Der narzisstische Glaube, unentbehrlich zu sein. Die Angst, abgehängt zu werden. Und dennoch: Es geht nicht nur um Befindlichkeiten, nicht lediglich um Luxusprobleme der Bionade-Republik Deutschland. Was uns zu schaffen macht, findet nicht allein im Kopf statt. Es geht um objektive Verhältnisse, um Umstände, die wir selbst nur zu einem sehr geringen Maße beeinflussen können. Nicht zufällig nennt uns der Berliner Familienforscher Hans Bertram die «überforderte Generation»: Wir ringen, um es mal ein wenig dramatisch auszudrücken, mit dem Wandel der Welt, in der wir leben.

Wir sind die erste Generation, die mit voller Wucht von der Globalisierung erfasst wird.

Wir sind die erste Generation, die ungefiltert die Folgen der Digitalisierung erlebt, die totale Vernetzung, den Tsunami der Informationen.

Und wir sind die erste Generation, die wirklich Gleichberechtigung zu leben versucht – mit allen Chancen und Ängsten, Freuden und Lasten, die das aufwirft. Für Frauen und Männer.

All das geht nicht spurlos an uns vorbei. So groß und abstrakt Begriffe wie «Globalisierung» und «Digitalisierung» auch klingen mögen – sie schlagen unmittelbar auf unseren Alltag durch. Angetrieben vom ewigen Hunger nach Wachstum, dem niemals stillstehenden Motor des Kapitalismus, haben sie unser Leben in einer Weise beschleunigt, die vor ein, zwei Generationen noch undenkbar war. Computer rechnen mit atemraubender Geschwindigkeit; gewaltige Datenmengen rasen in Sekundenbruchteilen um die Welt; überall, in der Wirtschaft, in der Wissenschaft, sogar in der Erziehung, geht es um optimierte Prozesse, größere Effizienz, mehr Ertrag.

Vierzehnjährige kommunizieren vorzugsweise per Kürzestnachricht, die meist nur aus ein paar Buchstaben besteht: kp (zu Deutsch: «kein Plan»). Oder: wg («was geht?»). Und vor kurzem erregte ein Start-up-Unternehmen aus Boston einiges Aufsehen, weil es eine neue

Technologie versprach, mit deren Hilfe man Texte doppelt so schnell lesen könne wie bislang.

Am drastischsten zeigt sich die Beschleunigung unseres Lebens vielleicht bei der Fortbewegung: Wir können heute Distanzen in einem Tempo überwinden, das die Menschen früher in Panik und Schwindel versetzt hätte. Goethe brauchte mit Postkutschen fast zwei Monate, um von Karlsbad in Böhmen nach Rom zu reisen, wenngleich mit allerlei Unterbrechungen und gemächlichen Abschweifungen. Noch unsere Eltern benötigten mit ihrem VW Käfer oder Opel Admiral ein paar Tage für die Tour über die Alpen. Wir aber können morgens in Hamburg losfliegen und nachmittags über den Petersplatz spazieren.

Doch nicht nur die Technik wird immer schneller. Parallel dazu vollzieht sich ein Prozess, den der Soziologe Hartmut Rosa die «Beschleunigung des sozialen Wandels» nennt. Es geht dabei vor allem um die Haltbarkeit von Bindungen, im Kleinen wie im Großen. Früher war es fast die Regel, dass Lehrlinge bis zu ihrer Pensionierung im selben Betrieb blieben. Jobs waren keine Jobs, es waren Lebensstellungen. Heute drängen viele Karriereberater ihre Klienten dazu, möglichst alle paar Jahre den Arbeitsplatz zu wechseln, und eine immer größer werdende Zahl von Menschen kommt überhaupt nicht mehr in eine Festanstellung, sondern hangelt sich von Praktikum zu Schwangerschaftsvertretung zur Scheinselbständigkeit. Ähnliches gilt für viele Ehen, die zwar noch mit allem Brimborium geschlossen werden, «bis dass der Tod euch scheide», die in Wahrheit aber sehr häufig nur noch Lebensabschnittsbeziehungen sind. Und auch Familien, die zusammenbleiben, wohnen nicht mehr über

Generationen hinweg am selben Ort, sie ziehen immer wieder um, innerhalb einer Stadt, häufig auch von Stadt zu Stadt oder gleich von Kontinent zu Kontinent.

Moden und Lebensstile wechseln so häufig, dass man kaum nachkommt, die Verfallszeit von Informationen wird immer kürzer, was morgens noch Breaking News waren, ist abends schon fast wieder vergessen. Filme und Videoclips sind heute so rasend schnell geschnitten, dass sie bei unseren Urgroßeltern Brechreiz ausgelöst hätten. Weltkonzerne wie Facebook oder Google entstehen innerhalb von ein paar Jahren – und können ebenso rasch wieder verschwinden. Neugegründete Parteien ziehen ins Parlament und zerlegen sich noch vor der Hälfte der Legislaturperiode.

Es gibt nur wenige Phänomene in unserer Welt, die von dieser allgegenwärtigen Beschleunigung offenbar unberührt bleiben. Der Rhythmus der Jahreszeiten gehört dazu; eine Schwangerschaft dauert seit Tausenden von Jahren gleich lang, und wer sich erkältet, braucht in aller Regel eine Woche, um wieder gesund zu werden. Aber viel mehr Beispiele fallen einem nicht ein. Das schafft ein Grundgefühl der Instabilität, Nervosität und Kurzatmigkeit, das wahrscheinlich das prägende Charakteristikum unserer Epoche ist – auch wenn sich Menschen zu anderen Zeiten auch schon gehetzt und nervös gefühlt haben mögen.

Wir sind eine Gesellschaft auf Speed. Nicht zufällig nannte der US-Autor Douglas Coupland sein Buch über die sogenannte Generation X schon vor Jahren im Untertitel «Geschichten für eine immer schneller werdende Kultur».

Natürlich gibt es immer auch Gegentendenzen, Slow

Food ist ziemlich populär, Entspannungsratgeber boomen, es gibt einen profitablen Markt für Dinge, die (vorgeblich) noch mit Ruhe und Liebe gemacht werden, «so wie früher». Dahinter stecken eine verbreitete Sehnsucht nach Langsamkeit, nach «Entschleunigung» und das Bedürfnis, wenigstens ab und zu innezuhalten und durchzuatmen. Jeder kennt diese Sehnsucht, aber gegen die gewaltigen Kräfte der Beschleunigung kommt sie nicht an.

«Die Abbremsangebote sind kein Gegentrend, der dem Beschleunigungswahn Einhalt gebieten könnte», schreibt Karl-Heinz Geißler, Deutschlands wichtigster Zeitforscher, in seinem Buch «Alles hat seine Zeit, nur ich hab keine». Geißler weiß auf besondere Weise, wovon er spricht. Im Alter von fünf Jahren erkrankte er an Kinderlähmung und kann sich seitdem nur langsam, mit Hilfe eines Stocks, fortbewegen.

Auch ein zehntägiger Klosteraufenthalt befreie nicht vom Alltagsstress, schreibt Geißler: «Schon am ersten Tag nach dem Boxenstopp hinter den Klostermauern geht's am Arbeitsplatz wieder so weiter wie zuvor. Es ändert sich nichts, die Hektik nimmt nicht ab, der Stress verringert sich nicht, und schon gar nichts verändert sich an dem allem unternehmerischen Handeln eingeschriebenen Zwang zu immer mehr Wachstum und immer höherer Beschleunigung.» Für Geißler ist die Entschleunigung nichts weiter als ein probates Mittel zur Beschleunigung. Denn wenn die eigenen Batterien erst wieder aufgeladen sind, knüppelt man umso heftiger ran.

Wenn die ganze Gesellschaft Tempo macht, kann man nicht einfach individuell langsamer laufen. Wer es versucht, wird entweder mitgerissen oder kommt ins Stolpern.

Wie pervers das alles geworden ist, merken wir daran, dass wir uns manchmal darauf freuen, in ein Flugzeug zu steigen und zwei, drei Stunden nicht erreichbar zu sein. Das Glück eines Langstreckenfluges: ein paar Stunden ohne Empfang. Ohne Twitter, ohne Mails, ohne Anrufe. Eine Erlösung. Ein Schutzraum in der Zeit. Man kann lesen, Filme schauen, Musik hören, man kann in Ruhe arbeiten, zur Not auch Mails auf Vorrat schreiben. Aber man muss auf nichts reagieren. Für eine lange Weile ist der Reflex, ständig aufs Handy zu schauen, wie stillgestellt. Ein paarmal zuckt noch die Hand, meldet sich noch pochend die Sucht, aber dann ist Ruhe.

Das Kuriose, oder eher: Das Paradoxe daran ist natürlich, dass vor allem die Errungenschaften der technischen Beschleunigung ja eigentlich zunächst einmal Zeit sparen, uns also helfen sollten, ruhiger zu werden, entspannter, gelassener. Wenn es früher eine halbe Stunde dauerte, einen längeren Brief zu schreiben, wir heute aber für eine E-Mail mit demselben Inhalt nur zehn Minuten brauchen, müssten wir doch zwanzig Minuten gespart haben: zwanzig Minuten mehr Lebenszeit. Zwanzig Minuten, um zu lesen, nachzudenken oder in den Himmel zu schauen.

Nach Studien amerikanischer Zeitforscher haben Mütter in den Vereinigten Staaten im Jahr 1965 noch durchschnittlich 32 Stunden pro Woche gekocht, geputzt, gewaschen. Das war harte, körperliche Arbeit, echte Schufterei; bis zu 2500 Kalorien wurden dafür verbraucht. Heute stehen Mütter, vor allem dank der Elektrifizierung des Haushalts, nur noch 17 Stunden in der Küche oder wischen durchs Haus, der Kalorienverbrauch ist auf 200 bis 300 gesunken. Mit anderen Worten: Jede

Mutter hätte Woche für Woche 15 Stunden mehr freie Zeit. 15 Stunden, um schwimmen zu gehen, länger zu schlafen, mit Freundinnen zu telefonieren, 15 Stunden, um einfach mal gar nichts zu tun. Eigentlich müssten wir in paradiesisch entspannten Zeiten leben.

Nur: Jeder erlebt jeden Tag selbst, dass es so nicht ist. Auch die Zahlen der Zeitforscher belegen das: Amerikanische Mütter haben heute nicht mehr Freizeit, sondern weniger. 1965 waren es 35 Stunden pro Woche, 2008 nur noch 31 Stunden. Ähnlich sieht es bei den Vätern aus. Warum ist das so? Wo bleibt all die Zeit?

Zum Teil beschleunigt sich die Beschleunigung selbst immer weiter. Die Reiz-Reaktions-Muster verändern sich, die Erwartungen steigen. Wer auf eine SMS nicht rasch antwortet, gilt sofort als unhöflich, zickig oder faul. Auch Mails müssen viel schneller beantwortet werden als traditionelle Briefe, eben weil die Übermittlung so schnell geht. Auch das hat jeder schon erlebt. Wenn auf eine Mail keine Reaktion kommt, schreibt man rasch noch eine hinterher: «Hast Du meine Mail nicht bekommen?»

Hinzu kommt ein anderes Phänomen. Wir nutzen die gewonnene Zeit nicht für Müßiggang oder Pausen, sondern steigern unsere Produktivität, im Beruf wie im Privaten: Wir tun mehr, nicht weniger. Wir schreiben deutlich mehr Mails als früher Briefe. Wir reisen häufiger und ganz selbstverständlich viel längere Strecken als früher. Wir wechseln auch unsere Wäsche regelmäßiger, als unsere Großeltern es taten, waschen daher öfter.

Der größte Zeitverschlinger aber ist die Arbeit selbst. Auch das ist leicht zu erkennen, wenn man sich die Zeitbudgets durchschnittlicher Familien anschaut. Sie verwenden heute deutlich mehr Zeit für den Job, genauer:

für die Jobs als noch vor 50 Jahren – und zwar trotz der ständigen Verkürzung der Wochenarbeitszeit.

Um 1965 hat ein verheirateter Mann etwa 48 Stunden pro Woche gearbeitet, also erheblich mehr als heute. Aber das war eben auch alles, was Vater und Mutter insgesamt an Zeit für die Arbeit, sprich: für den Erwerb des Lebensunterhalts der Familie aufgebracht haben. Heute arbeitet der Vater im Schnitt zwar nur noch zwischen 42,2 und 42,8 Stunden pro Woche. Zugleich jedoch nutzen sehr viel mehr Mütter die Stunden, die vor allem dank der Erfindung von Waschmaschinen, Geschirrspülgeräten und Wäschetrocknern im Haushalt frei geworden sind, um arbeiten zu gehen, die meisten in Teilzeit. Sie verbringen in der Regel um die 30 Stunden im Job. Für die Familie insgesamt, und das ist das Entscheidende, ergibt sich also eine gemeinsame Arbeitszeit von gut 72 Stunden. Das sind 24 Stunden mehr als noch 1965.

24 Stunden mehr im Beruf, 24 Stunden mehr für den Kapitalismus: Gefräßig schiebt sich die Arbeit in unser Leben.

24 Stunden in der Woche mögen auf den ersten Blick nicht viel erscheinen. Aufs Jahr gerechnet jedoch sind es immerhin 1248 Stunden. Oder 52 Tage.

Diese Zeit fehlt uns anderswo. Es sind 52 Tage weniger für die Familie, 52 Tage weniger für die Kinder, 52 Tage weniger für die Partnerschaft oder auch für einen selbst.

Doch damit nicht genug. Beim Blick auf die Zeitbudgets durchschnittlicher Familien zeigt sich noch eine andere Verschiebung, eine, die fast noch überraschender ist. Trotz der insgesamt gewachsenen Belastung durch die Arbeit nämlich verbringen Mütter und Väter heute

nicht etwa weniger Zeit mit ihren Kindern als früher, sondern mehr. Sogar deutlich mehr.

Auch das lässt sich wiederum am besten mit den Zah-
len amerikanischer Zeitforscher belegen; der Trend in
Deutschland sieht kaum anders aus. Eine Mutter in den
USA widmet heute im Durchschnitt 14 Stunden pro
Woche der Erziehung ihrer Kinder; ihr Mann verwen-
det darauf im Durchschnitt 8 Stunden. Macht zusam-
men 22 Stunden pro Woche. Vor 50 Jahren, 1965, hat die
Mutter nur 10 Stunden mit Erziehung verbracht und der
Vater 3 Stunden, zusammen also 13 Stunden. Das heißt,
die Eltern verbringen heute sehr viel mehr Zeit mit ihren
Kindern, 9 Stunden pro Woche. Und wieder gilt: 9 Stun-
den weniger für die Arbeit, 9 Stunden weniger für die
Freizeit, 9 Stunden weniger, um Freunde zu besuchen
oder auszuschlafen.

Dass Mütter und Väter heute mehr Zeit mit ihren Kindern verbringen, mag damit zu tun haben, dass die Kinder stärker denn je im Mittelpunkt der Familien stehen.
Hinzu kommt jedoch ein anderer sozialer Megatrend.
Mehr Kinder werden heute besser ausgebildet als je zuvor, und mehr Bildung kostet schlicht mehr Geld und
mehr Zeit, auch der Eltern. 1965 machten in Deutschland
lediglich zwischen 6 und 8 Prozent eines Jahrgangs Abitur, entsprechend investierten nur wenige Eltern in die
Bildung ihrer Kinder. Heute hingegen macht die Hälfte
aller Schüler Abitur und über 40 Prozent eines Jahrgangs
beginnen ein Studium – und deshalb wenden auch viel
mehr Eltern viel mehr Zeit auf, um ihre Kinder zu unterstützen. Und dabei reden wir gar nicht von Geigen-Un-
terricht, Mathe-Olympiade oder Nachhilfe in Mandarin,
sondern von der ganz normalen Schul- und Universitäts-

ausbildung. Viele Jugendliche bleiben teils bis Mitte 20 bei ihren Eltern wohnen. Die Folge ist offenkundig: Die Phase der Doppelbelastung der Eltern in Erziehung und Beruf verlängert sich um mindestens 3, häufig 5, nicht selten 10 Jahre.

Wenn man das alles zusammendenkt, ergibt sich eine beispiellose Verdichtung von Zeit: Wir verbringen mehr Zeit bei der Arbeit. Wir verbringen mehr Zeit mit unseren Kindern. Und Männer verbringen auch noch mehr Zeit damit, im Haushalt zu helfen als vor 50 Jahren: Damals waren es nur 3 Stunden, heute im Durchschnitt immerhin 10. Irgendwoher müssen all diese Stunden kommen.

«Die Allermeisten haben die Wahrnehmung, dass Zeit da draußen einfach da ist», sagt der Soziologe Hartmut Rosa. «Wir denken, Zeit ist da und wenn wir ein Zeitproblem haben, dann muss es folglich an uns selbst liegen. Das ist eine Lebensillusion.» Denn so banal das klingen mag: Der Tag hat nur 24 Stunden, und in die muss alles reingequetscht werden, was anliegt. Es gibt kein Zeitkonto, von dem wir beliebig viel abbuchen könnten.

In einem bemerkenswerten Interview mit dem *Süddeutsche Zeitung Magazin* hat ausgerechnet die ehemalige Bundesfamilienministerin Kristina Schröder das auch ganz offen ausgesprochen – allerdings erst ein Jahr, nachdem sie aus dem Amt geschieden war: «Keine Betreuungseinrichtung der Welt kann etwas daran ändern, dass ich eine Stunde, die ich am Schreibtisch sitze, nicht mit meinem Kind auf dem Spielplatz sein kann. Ein Job frisst Zeit, und die Zeit fehlt Ihnen mit Ihrem Kind – das gilt übrigens für Frauen und Männer gleichermaßen. An dem Dilemma kommt man nicht vorbei.»

Damit kämpfen Millionen Eltern jeden Tag. Es ist das

fundamentale Problem, mit dem wir konfrontiert sind, wie noch keine Generation vor uns: Um allen Anforderungen gerecht zu werden, müssen wir immer mehr in einen Tag pressen, den Alltag in immer kleinere Zeithäppchen zerhacken, überall und nirgends zugleich sein.

Wir schlafen weniger.

Wir essen schneller.

Wir laufen hektischer durch die Innenstädte.

Wir arbeiten mehr.

Und lieben weniger.

Alles miteinander vereinbaren zu wollen bedeutet eine jahrelange, permanente Selbstüberforderung – und die hat einen Preis. Für Mütter wie Väter. Und immer wieder auch für die Kinder. Manchmal ist dieser Preis nur Schlafmangel. Oder Stress. Häufig aber ist der Preis höher: kaputte Rücken. Kaputte Ehen. Karrieren, die scheitern. Burnout-Syndrome. Kinder, die verhaltensauffällig werden, weil sie von ihren überforderten Eltern zu wenig Liebe bekommen.

Beschleunigung plus Überlastung – das ist es, was unser Leben beherrscht. Beide Phänomene gehören zusammen. Und beide Phänomene sind größer als wir selbst. Wir können sie nicht einfach ignorieren oder abstellen.

Also tüfteln wir mit unseren Partnerinnen einen Plan aus, gleichen die Terminkalender ab, die Woche im Halbstundentakt. Wer kümmert sich wann um die Kinder? Wer bringt sie zum Geburtstagsfest des Freundes? Wer fährt sie am Wochenende zum Turnier? Hier quetschen wir noch eine Stunde Sport rein, donnerstags geht sie zum Chor, da musst du um sieben da sein!

Die Familie wird zur Fahrgemeinschaft.

Und wenn wir übermenschlich diszipliniert wären,

keine einzige Besprechung mehr überziehen würden, nie länger am Telefon hingen als unbedingt nötig, nur noch die superwichtigen Abendtermine wahrnehmen würden, dann, ja dann könnte das auch wunderbar klappen. Nicht vorgesehen im Wochenplan ist allerdings: dass ein Kind Grippe hat. Dass der Wagen nicht anspringt. Dass ein Zug sich verspätet. Dass auch die extrem effizienten Eltern mal verschlafen oder krank werden. Auch nicht vorgesehen ist: Zeit für sich. Zeit zu zweit. Aber das ist ja nicht so schlimm. Wir wissen ja, es kommt nicht auf die Quantität der gemeinsamen Zeit an, sondern auf die Qualität.

Leider wissen wir auch: Das ist ein Selbstbetrug. Eine Lüge. Denn unsere Kinder kennen keine *quality time.*

Das Gerede von der *quality time* verschleiert nur, dass das Zeitproblem einfach ungelöst ist.

Jens (53):
«Und dann sieht man natürlich auch das Leben
verrinnen»

Wer wäscht bei euch zu Hause die Wäsche?

Meine Frau. Sie kauft ein, kocht, kümmert sich um die
Kinder. Wenn unsere Jungs aus der Schule kommen,
hat sie gekocht. Und sie ist der Puffer für alle ihre Sorgen, allen Frust.

Wie alt sind eure Söhne?

16 und 18 Jahre.

Hat deine Frau mal gearbeitet?

Ja, sie hat Geologie studiert und ist dann in den Wis-
senschaftsjournalismus gegangen, als freie Redakteu-
rin bei einem Verlag. Nachdem wir geheiratet hatten,
wurde uns gesagt, wir könnten keine Kinder bekommen. Wir haben eine Eigentumswohnung gekauft,
sind jeden Abend essen gegangen, solche Sachen.
Dann aber kam doch das erste Kind und das zweite
gleich hinterher. Wir sind jetzt seit 24 Jahren verheiratet.

Was arbeitest du?

Ich bin Steuerberater in einem mittelgroßen Büro, wir
sind drei Partner. Als unsere Jungs kamen, haben wir
ein Haus gekauft, mit großem Garten. Das macht viel
Arbeit, und man muss es bezahlen. Die Kinder sind
damals so früh wie möglich in den Kindergarten gekommen. Meine Arbeit lief immer besser, ich fing an,
abends zu arbeiten, auch mal am Wochenende, und
meine Frau hatte alle drei Monate Abgabetermine, da

entstand ziemlicher Druck. Zugleich zahlte der Verlag immer schlechter, und irgendwann haben wir gesagt, das geht so nicht weiter, wir probieren mal, ob es nicht besser ist, wenn sie aufhört zu arbeiten. Da waren die Kinder etwa drei und fünf Jahre alt. Von da an hat sie mir komplett den Rücken freigehalten, sie hat die klassischen Dinge erledigt, und sie war damit, glaube ich, auch ganz zufrieden.

Hast du dich an der Erziehung beteiligt?

Als die Kinder kleiner waren, habe ich immer versucht, ihnen abends vorzulesen, sie ins Bett zu bringen. Manchmal musste ich danach noch mal arbeiten, aber das war okay. Mittlerweile versuche ich, sie wenigstens morgens beim Frühstück zu sehen, so es denn Frühstück gibt, die kommen ja irgendwann nur noch rein, Stulle in die Hand und gehen noch kauend auf die Straße. Es gab auch längere Phasen, in denen ich sie nicht gesehen habe, weil ich mehr reisen musste, aber ich habe immer versucht, mich da zu disziplinieren. Und alle wichtigen Veranstaltungen, Konzerte, Choraufführungen, Turniere, habe ich immer mitgemacht. Ich habe nur ein einziges Konzert versäumt, weil ich da von einer Reise nicht rechtzeitig zurückkommen konnte. Ansonsten waren das für mich Fixtermine, und die musste ich freihalten.

Und wenn ein Kunde genau dann etwas von dir wollte?

Dann musste ich das irgendwie regeln, aber das ging meistens ganz gut, wir haben uns als Kollegen untereinander vertreten. Auch in den Urlaubszeiten. Meine Partner haben etwa zur selben Zeit wie ich ihre Kinder bekommen, haben also Verständnis.

Klingt nach einer idealen Lösung – für dich.

Aber es ist nicht die ideale Lösung für meine Frau. Da nimmt es langsam eine üble Wendung. Je älter die Kinder werden, desto mehr stellt sie fest, dass sie etwas verpasst hat im Leben. Und das ist ein echtes Problem, für sie, aber es ist auch ein gesellschaftliches Problem. Ich kann jede Frau verstehen, die sagt, ich will Karriere machen. Ich habe meiner Frau auch immer gesagt, wir kriegen das geregelt, wenn du arbeiten willst. Ich kenne im Bekanntenkreis auch Leute, die verbieten ihren Frauen zu arbeiten, das gibt es sogar heute noch.

Ist deine Frau zufrieden mit ihrer Situation?

Sagen wir: Sie ist nicht permanent unzufrieden. Es gibt aber immer mal so Phasen. Da fragt sie sich schon: Was wäre passiert, wenn wir es anders organisiert hätten? Andererseits weiß sie auch, dass sie finanziell nie das hätte erreichen können, was ich erreicht habe. Dafür hat sie einfach das Falsche studiert, das sagt sie auch. Krisen entstehen eher dann, wenn sie gelegentlich an den Jungs verzweifelt. Die sind zwar im Prinzip ganz wunderbar geraten, aber die kotzen sich zu Hause gern mal aus. Sie testen, wer die Macht hat. Da gibt es schon Momente, wo meine Frau sagt, das halte ich jetzt nicht mehr aus. Immer nur angebrüllt werden ist auf Dauer echt zermürbend. Und dann sieht man natürlich auch das Leben verrinnen. Man erreicht ja irgendwann ein Alter, wo man sich schon fragt: Was habe ich denn jetzt noch für Chancen?

KAPITEL 3
NEULAND

Es ist morgens, kurz nach sieben, und dein Sohn ist krank. Nichts Ernstes, nur eine Sommergrippe, aber er ist ziemlich blass, rasselnder Husten, die Nase läuft. Er hat keinen Appetit, auch kein Fieber, zum Glück. Er kann aufstehen, wahrscheinlich würde er sogar mit seinen Kumpels Fußball spielen, wenn die nicht alle in die Schule gingen. Aber dein Sohn kann heute nicht in die Schule, nicht mit dieser Erkältung. Keine Chance.

Das Dumme ist nur, dass du heute wegmusst, eine Dienstreise. Auch deine Frau ist unterwegs, sie wird erst abends um halb neun wieder da sein.

Na prima.

Gut wäre es jetzt, eine Oma in der Nähe zu haben oder einen Opa. Doch die leben anderswo. Und die Nachbarin, zu der dein Sohn gerne geht, muss heute ebenfalls arbeiten. Was also tun?

Dein Sohn ist elf. Er ist nicht schwer krank. Er liest gern, mittags kann er sich eine Pizza bestellen, es wird schon irgendwie gehen, er wird sich allenfalls langweilen. Das ist der erste Gedanke, der dir durch den Kopf geht. Sagen wir: Es ist die Stimme des Kapitalismus. Oder: Die Stimme deines Ehrgeizes.

Doch dann ist da noch ein anderer Gedanke, einer, der sich festbeißt, der die Sache gleich viel komplizierter macht. Du erinnerst dich an damals, als du selbst elf warst und manchmal krank im Bett lagst. Du erinnerst dich daran, wie schön das war, wenn zwischendurch deine Mutter mal reinschaute, einen Apfel brachte oder ein paar Kekse. Ein Glas Saft. Mittags ein warmes Essen, selbst gekocht. Du warst nicht allein. Musstest dich um nichts kümmern. Schön war das.

Und während du noch den Erinnerungen nachhängst, fängst du an zu rechnen: Welche Termine könntest du verschieben, welche würden platzen, wenn sie heute nicht stattfinden? Wie viel Aufwand bedeutet das? Wie viel Ärger?

Wenn du ehrlich bist, fragst du dich natürlich auch: Warum soll ich daheimbleiben, warum fährt meine Frau? Warum quäle ich mich mit Sentimentalitäten und schlechtem Gewissen? Und sie nicht? Welche Termine sind eigentlich wichtiger? Ihre? Deine? Und was ist jetzt mit eurem Sohn?

Und im Grunde weißt du auch: Sie ringt mit denselben Fragen.

Es ist der alltägliche Wahnsinn. Das übliche Dilemma. Nur eine kleine Abweichung vom sorgsam ausgetüftelten Tagesplan – und der Stress beginnt: das Umorganisieren. Die Notfallhektik. Die unausgesprochenen Vorwürfe. Das gegenseitige Aufrechnen. Der Ärger. Und das Ganze natürlich unter Zeitdruck, denn die Züge warten ja nicht und die Termine auch nicht.

Die Lösung ist dann auch die übliche. Der Kapitalismus siegt: Deine Frau fährt. Du fährst. Dein Sohn bleibt allein zu Hause. Er wird sich eine Pizza Margherita bestellen, mit extraviel Basilikum. Du wirst zweimal mit ihm telefonieren, zwischen den Terminen. Er wird so weit okay klingen. Und ob die Termine irgendwas gebracht haben, wirst du übermorgen schon nicht mehr wissen.

Natürlich hättest du dich auch anders entscheiden können. Womöglich hätte dein Chef gar nicht gemeckert. Aber dennoch bohrt da immer die Frage: Wie häufig kann ich absagen, ausfallen? Wann wird es zu häufig? Wann kommen die spöttischen Ansagen, die hochgezogenen Augenbrauen? Wie viel Nachsicht haben meine Gesprächspartner, meine Kunden? Das sind ja auch alles Leute mit vollgestopften Terminkalendern. Und du weißt auch: Wenn du jetzt daheimbleibst, dann fällt es beim nächsten Mal schwerer, es wieder zu tun. Selbst wenn das Kind dann schlimmer krank sein sollte. Oder wenn es dir selbst einmal schlecht geht. Auch das musst du kalkulieren. Jeder muss das, immer wieder.

Wir haben uns ziemlich komplizierte Leben gebaut. Leben, in denen nicht nur die Zeit extrem knapp ist, sondern in denen wir auch noch ständig unsere eigenen Interessen, Bedürfnisse, Ambitionen mit denen unserer Kinder und Partner austarieren müssen – von den Anforderungen unserer Arbeitgeber ganz zu schweigen.

Unser Chef verlangt Flexibilität und Engagement, Leidenschaft und Engagement.

Unsere Kinder wünschen sich Zeit, Aufmerksamkeit, Geborgenheit.

Unsere Partnerin braucht Liebe, Zärtlichkeit, Anerkennung.

Wir selbst müssen immer wieder Ehrgeiz und Achtsamkeit, Perfektionismus und Wurschtigkeit ausbalancieren. Und unser Körper schreit nach Schlaf. Schlaf. Schlaf. Alle diese Bedürfnisse, unsere eigenen und die der anderen, wandeln sich permanent (bis auf das Schlafdefizit, das geht nicht mehr weg). Ständig müssen wir ausknobeln, was heute Vorrang hat. Es ist ein wenig, als würden wir Blitzschach gegen uns selbst spielen, immer in Eile, dauernd unter Druck. Ständig versuchen wir, die Folgen unserer Züge vorauszuberechnen und Fehler zu vermeiden. Es gibt kaum Routinen, es gibt viel zu wenig Standardabläufe, die wir ohne großes Nachdenken einfach abspulen können. Jede Irritation bedroht das System, jede Überraschung führt uns fast schon ans Limit. Uns fehlen die Selbstverständlichkeiten, das Verlässliche und Entlastende fester Strukturen.

Für die längste Zeit im zwanzigsten Jahrhundert gab es in den westlichen Gesellschaften ein weithin akzeptiertes Modell für Familien, also für die Organisation von ökonomischer Absicherung, Kindererziehung und Sex: Der Mann arbeitete und verdiente, die Frau gebar die Kinder und zog sie groß. Das war die Norm, die von Kirchen, Politikern und Arbeitgebern propagiert wurde. Das Familien- und Steuerrecht, die Architektur, die Phantasien der Unterhaltungsindustrie, die Bilder der Werbung – alles folgte diesem Modell.

Nun jedoch zerfällt dieses Modell vor unseren Augen, aus tausend Gründen, über die wir nicht viel sagen müssen: höhere Bildung; die Erfindung der Pille; der wachsende Wohlstand, der es Frauen erlaubt hat, sich aus der wirtschaftlichen Abhängigkeit von Männern zu befreien; und manches mehr. Das alles ist gut, es gibt Millionen Menschen mehr Chancen und größere Freiheit. Niemand will das zurückdrehen, wir jedenfalls nicht. Aber wir sehen auch, dass es noch keine funktionierende neue Arbeitsteilung gibt.

Wir sind, wenn man so will, Pioniere. Auf einer Entdeckungsreise durch ein großartiges, unerforschtes Land. Jeder Tag dort ist anders. Überall lauern Überraschun-

54

Bücherinsel

Hauptstr. 162a - 76448 Durmersheim

Tel 07245 109910 - StNr. 39465/06619

Beleg 70005 vom **30.04.2015 11:31:22**

Jutta Stübner
Südring 3
76448 Durmersheim

Titel				MwSt
Autor	ISBN	E.Preis	Menge	G.Preis
Geht alles gar nicht				7 %
Brost, Marc	97834980041	16,95	1	16,95
Summe netto			1	15,84
MwSt 7%				1,11
MwSt 19%				0,00
Summe (Euro)				**16,95**

Vielen Dank für Ihren Besuch!

gen, jeder muss seinen Lebensweg selbst suchen. Das ist schwierig, manchmal geht es schief. Zwei Schritte vor, drei zur Seite, einen zurück. Und keiner kann uns sagen, ob wir überhaupt auf dem richtigen Weg sind, ob wir nicht in die Irre laufen. Und was uns unterwegs verlorengeht.

Es wird ja häufig und zu Recht beklagt, dass es kaum funktionierende Rollenvorbilder für Frauen gibt, die versuchen wollen, Beruf, Kinder und Partnerschaft halbwegs erfolgreich miteinander zu verbinden. Oder wenigstens nicht dabei unterzugehen. Viel seltener wird jedoch erwähnt, dass dasselbe mittlerweile auch für Männer gilt. Wo wäre der Mann, an dem wir uns orientieren könnten? Ein Typ, der gut in seinem Job ist, sich zärtlich um seine Kinder kümmert und seine Liebste mit Aufmerksamkeit verwöhnt, ohne über alledem selbst zu kurz zu kommen? Wo ist dieser fabelhafte Typ? Wo?

Unsere eigenen Väter? Fallen als Vorbilder praktisch aus – die Zeiten waren einfach andere, die Jobs, die Lebensentwürfe.

Unsere Chefs? Ackern eher noch mehr als wir. Hierarchie verpflichtet.

Unsere Politiker? Haben Achtzig-Stunden-Wochen, geben schon frühmorgens Radio-Interviews, hocken abends in den Talkshows und hetzen am Wochenende durch den Wahlkreis.

Auch alle populären Helden des Alltags, die Ikonen der Unterhaltungsindustrie: Fußballprofis, Schauspieler, Popstars, demonstrieren, dass sie rund um die Uhr verfügbar sind, wann immer es sein muss. Sie spielen am Wochenende, treten nachts auf, drehen fern der Heimat, und ihre Frauen dürfen allenfalls zu festgesetzten Zeiten im Trainingslager hübsch aussehen. Und komme uns bloß niemand mit Brad Pitt, der gemeinsam mit seiner Frau Angelina Jolie und einer Horde von Kindern, Betreuern und Bodyguards um die Welt tingelt. Abgesehen davon, dass wir so eher nicht leben wollen – als Vorbild für Normalverdiener taugt der Hollywood-Star etwa so gut wie Ursula von der Leyen für eine alleinerziehende Altenpflegerin.

Aber es sind ja nicht nur die Repräsentanten der Scheinwelt, die beinharte Professionalität demonstrieren. Auch seriöse Wissenschaftler, erfolgreiche Ärzte, Juristen oder Architekten tragen ihren Dauereinsatz, ihre globalen Dienstreisen, ihre erprobte Zeitnot immer noch wie Ehrenzeichen vor sich her. Hacker und Computernerds trinken literweise Club Mate, um ohne Schlaf auszukommen, wenn sie das nächste große Ding programmieren. Bei Google und Facebook und den anderen kalifornischen Internet-Giganten kann man die Wäsche im Büro zur Reinigung geben, damit noch ein paar Minuten mehr für den Job rausspringen.

Immer und überall wird demonstriert: Die Logik der Arbeit geht der Logik des Privaten vor.

Mehr noch, in Wahrheit beherrscht die Logik der Arbeit ja sogar das Privateste, die intimsten Lebensentscheidungen. Beruflich erfolgreiche Männer nämlich finden leichter attraktive Partnerinnen. Viele Studien belegen das. «Erfolg macht sexy, Misserfolg einsam – diese brutale Regel des Beziehungsmarktes gilt nicht immer, aber für Männer häufiger als für Frauen», schrieb unsere Kollegin Elisabeth Niejahr im Herbst 2014 in einer Titelgeschichte der *ZEIT*: «Partnerschaften, bei denen der Mann weniger verdient als die Frau, scheitern überdurchschnittlich oft. Mehrere Umfragen zeigen, dass Frauen aller Alters-gruppen sich nach wie vor Partner mit Geld, Karriere und Status wünschen.»

Auch der Münchner Paartherapeut Stefan Woinoff be-stätigt das: «Insbesondere Frauen, die eine Familie grün-den wollen, neigen immer noch dazu, einen Versorger zu suchen», erklärte er in einem Interview mit dem *Spiegel*, «sprich einen Mann, der beruflich erfolgreicher ist und mehr Geld nach Hause bringt als sie.» Woinoff nennt es «das archaische Beuteschema».

Dass das nicht nur eine soziologische Zuspitzung ist, eine akademische Pointe, sondern tatsächlich etwas mit der Realität von Liebe und Beziehungen und Attraktivität zu tun hat, lässt sich leicht überprüfen. Wir müssen dazu nur einmal die attraktiven, erfolgreichen Kolleginnen be-obachten, die leuchtende Augen bekommen, wenn von Don Draper die Rede ist, der smarten Hauptfigur aus der US-Serie «Mad Men»: ein gefühlskalter Typ, der Frauen nur benutzt, aber dennoch als supererotisch gilt.

Oder wir lesen bei Nina Pauer in der *ZEIT*, dass sen-sible Männer den Frauen das Leben vermiesen: «Auf die junge Frau wirkt die neue männliche Innerlichkeit, das subtile Nachhorchen in die tiefsten Windungen der Ge-fühlsregungen schrecklich kompliziert. Und auf die Dau-er furchtbar unsexy.»

Wer wollte einem Mann widersprechen, der aus die-sen klaren ökonomischen und erotischen Signalen den Schluss zieht: Wenn ich mich beruflich ordentlich rein-hänge, dann klappt es schon mit der Karriere. Und ich bekomme eine schöne und interessante Frau.

Aber selbst wenn das so einfach funktioniert, fangen danach die Probleme an. Denn sobald ein moderner

Mann einen gutbezahlten Job ergattert, eine attraktive, selbstbewusste Frau erobert und mit ihr ein Kind gezeugt hat, wandeln sich die Anforderungen dramatisch. Genauer: Zu den bisherigen kommen neue hinzu, allerdings solche, die den ursprünglichen ziemlich diametral entgegenstehen.

Nun nämlich sollen wir auch: weniger arbeiten, stattdessen mehr Zeit mit ihr und den Kindern verbringen. Wir sollen: Windeln wechseln, bei den Hausaufgaben helfen, das Kind am Nachmittag von der Schule abholen oder zum Arzt bringen, wenn die nächste Impfung ansteht. Wir sollen: Zuhören, wenn unsere Partnerin von ihren Sorgen erzählt. Zu Hause bleiben, wenn sie mit ihrer besten Freundin ausgeht. Den Abwasch erledigen, die Wohnung aufräumen und die Hemden selber bügeln. Und wir wollen das alles ja auch. Weil wir unsere Frauen und unsere Kinder lieben. Und vielleicht auch, weil wir in tausend Büchern lesen, dass unsere Kinder profitieren würden, wenn wir uns als Väter besonders engagieren – das mache sie einfühlsamer, selbstbewusster und intelligenter als die Kinder von wenig präsenten Männern.

Wenn das keine widersprüchlichen Signale sind, was dann?

Richtig kompliziert wird die Sache aber, weil es keine selbstverständlichen Hierarchien bei den Anforderungen gibt, keinen halbwegs natürlichen Vorrang des einen Wunsches vor dem anderen. Wahrscheinlich würden wir zwar gern behaupten, die Kinder stünden stets an erster Stelle. Aber in Wahrheit stimmt das nicht. Wer hat nicht schon einmal ein weinendes Kind zurückgelassen, zu Hause, in der Kita, bei den Nachbarn, obwohl es geschrien hat: «Du darfst nicht weggehen!»? Jetzt kann man einwenden: Klar, an der Tür der Kita machen sie immer ein bisschen Show, doch eigentlich gehen sie ganz gerne dahin. Das Geheule muss man nicht so schwernehmen. Und wenn es mal wirklich ernst ist, dann sind wir Eltern ja doch da. Selbst wenn das keine Ausrede ist, kein verzweifelter Versuch, das eigene schlechte Gewissen zu überlisten: Es ist eben auch wieder ein Abwägen – wann ist es so schlimm, dass ich vom Schreibtisch loshetzen und das Kind abholen muss? Und wer springt dann auf und rast aus dem Büro? Die Mutter oder der Vater? Bei wem passt es gerade besser? Oder, sagen wir: etwas weniger schlecht?

Immerfort müssen wir abwägen, aushandeln, umdisponieren, und natürlich quält uns bei jeder Entscheidung die Frage: Treffe ich die richtige Wahl? Was folgt daraus? Was, wenn ich mich doch anders entscheide? Und warum, zum Teufel, muss ich mich überhaupt dauernd entscheiden?

Es ist, pathetisch gesagt, der Fluch der Freiheit. Der Preis dafür, dass wir die alten Gewissheiten, die tradierten Muster aufgegeben haben, dass heute jeder leben kann, wie er mag. Jeder Mann und jede Frau. Es gibt nicht mehr, fast schon trivial, das zu sagen, den einen Weg, der für alle passt. Keine verbindliche Norm, nur wenige funktionierende Rollenbilder.

Und was machen wir nun mit all diesen widerstreitenden Erwartungen?

Immer mal wieder vor allem eins: Wir machen uns lächerlich. «Wir laufen Marathon, trinken Rhabarbersaftschorle und schieben Designkinderwagen. Wir wollen alles richtig machen und wissen nicht mehr, was richtig ist», schreibt der Berliner Autor Matthias Lohre in seinem

Buch «Milde Kerle». Wir werden zu «Super-Daddys», wie der Autor Jörg Menke-Peitzmeyer in seinem Theaterstück «Ich bin ein guter Vater» ätzt: «Diese Super-Daddys mit den Hosenklammern am rechten Bein, damit die Kettenschmiere vom Fahrrad ihnen nicht den teuren Anzug versaut, wenn sie ihre Kinder in den Kindergarten oder in die Schule bringen. Diese Supersuper-Daddys, die mit ihren Kindern Hausaufgaben machen, Drachen steigen lassen und ihnen Gutenachtgeschichten vorlesen. Alles Lügner, diese Super-Daddys.»

Vor allem aber, und das ist viel wichtiger, passiert noch etwas anderes. Die Verwirrung der Anforderungen und Erwartungen, der fremden und der eigenen, produziert auf Dauer: Stress. Und Ärger. Und Streit.

Dann kommt man von der Arbeit nach Hause und sieht, wie die Frau mit dem Kleinen spielt, ganz harmonisch und innig. Am liebsten würde man gleich mitspielen, in diesem zärtlichen Bunde der Dritte sein. Aber gleichzeitig plagt einen das schlechte Gewissen, weil es gestern wieder so spät geworden ist und man heute Morgen schon sehr früh losmusste, und außerdem hatte man doch noch am Wochenende versprochen, wieder mehr zu helfen zu Hause und sich wieder mehr einzubringen.

Und so steht man also in der Wohnungstür und sieht die eigene kleine Familie und will sich gleich reinhängen – und bringt erst einmal den Mülleimer runter. Und weil das irgendwie zu wenig ist, zu routiniert, holt man danach noch das Putzzeug und einen Eimer mit Wasser und fängt an, die Toilette zu putzen. Das ist unmännlich, das ist extrem hilfsbereit, da zeigt man doch gleich, dass man sich wirklich reinknien will.

Also schrubbt man das Klo und rutscht auf dem Toilettenboden herum, und dann schüttet man das Wasser weg und räumt die Putzsachen auf und wäscht sich kurz selbst und geht zu Frau und Kind. Und eigentlich will man jetzt Lob und Anerkennung, denn man hat ja gerade die Toilette geputzt, nachdem man eben in der Firma noch der eloquente, erfolgreiche Dealmaker war. Aber die beiden sind so versunken im Spiel, sie haben das gar nicht bemerkt, diese großartige Leistung, diese unmännliche Heldentat. Stattdessen spielen sie weiter, einfach so, als sei nichts gewesen. Und dann ist man enttäuscht, fühlt sich missachtet, denkt auch nicht daran, dass die Frau für solche Dinge wahrscheinlich auch nie Lob oder Anerkennung bekommt. Und dann fällt irgendeine Bemerkung, und auf einmal eskaliert die ganze Situation, weil da einfach wieder zwei Welten aufeinanderprallen, zwei Lebenssituationen und, ja, auch die Erwartungen, die beide Partner aneinander haben. Eigentlich müsste man jeden Tag wie ein Diplomat agieren, um durch diese komplizierte Welt zu kommen: kompromissbereit, rücksichtsvoll, hartnäckig. Niemals aufbrausend oder nachtragend. Ein ewiger Frank-Walter Steinmeier im Familienformat, immerzu geistesgegenwärtig, wach, flexibel und gesprächsbereit. Wer nicht kommunizieren kann, wer sich nicht ständig selbst befragt und seine Nächsten, der stößt schnell an Grenzen.

Und als wäre das alles nicht schon schwierig genug, kommt noch etwas obendrauf: Unsere eigenen Erlebnisse, unsere Erinnerungen und Geschichten von früher. Mögen die alten Rollenmodelle auch nicht mehr funktionieren in unseren Leben – sie sind deshalb noch nicht verschwunden. Sie sind immer noch wirkmächtig. Sie bilden den biographischen und sozialen Hintergrund, vor dem wir unsere Leben zu leben versuchen. Und manchmal vermiesen sie uns einfach auch nur den Tag. Um es noch einmal auf den Begriff der Pioniere zu bringen: Während wir uns in einer neuen Welt bewegen, haben wir noch die Bilder der alten im Kopf.

Viele von uns haben noch eine Hausfrau als Mutter erlebt, die allenfalls einen Nebenjob hatte. Die mittags da war, wenn wir aus der Schule kamen, uns anlächelte, auch wenn wir gerade gar keine Lust hatten, zu reden. Die jeden Tag ein Essen auf den Tisch stellte und uns bei den Hausaufgaben half. Das fühlte sich gut an, obwohl wir das als Kind wahrscheinlich nie gesagt haben. Es damals vielleicht nicht einmal in Worte hätten fassen können.

Und heute müssen wir gestehen: Wir würden das eigentlich auch unseren Kindern wünschen. Wir sehen ja, wie sie es genießen, wenn sie an manchen Tagen nach der Schule nicht allein in eine leere Wohnung kommen. Unser Leben – und ihres – allerdings organisieren wir anders. Aus tausend, hoffentlich guten Gründen. Doch die Erinnerung daran, dass wir es selbst anders erlebt haben, wohnt in unseren Hinterköpfen. Auch in den Hinterköpfen unserer Partnerinnen, dort vielleicht noch lebhafter. Und diese Erinnerung nährt ein schlechtes Gewissen, jedenfalls manchmal: Da ist etwas Warmes, Schönes, Behagliches, das wir unseren Kindern nicht bieten. Das wir ihnen vorenthalten.

Können wir das verantworten? Ist es das wert? Und was bekommen sie stattdessen? Wir würden gern sagen: erfülltere, ausgeglichenere Eltern. Aber das ist natürlich nicht so. Und wir wissen es. Auch zwischen den Partnern sorgen die alten Rollenbilder manchmal für zusätzlichen Stress. Dann nämlich, wenn die Frauen daheim die Führung übernehmen und dank tausendjähriger Erfahrung ihres Geschlechts mit Kindern und Küche habituell bestimmen, wie die Dinge zu laufen haben. «Maternal Gatekeeping» nennen das Soziologen – die Frau entscheidet, der Mann macht mit.

Entstanden ist diese weibliche Lass-das-mal-ich-mach-das-schon-Rolle durch die traditionelle Arbeitsverteilung. Der Mann war mit der eigenen Karriere beschäftigt, also meistens nicht da. Wenn er ausnahmsweise da war, ließ er sich bedienen. Oder er versuchte zu helfen und scheiterte an den einfachsten Dingen: am Staubsauger, an der Waschmaschine, am Herd. Nun haben wir die traditionelle Rollenverteilung zwar überwunden, bloß: Unsere Frauen wissen es immer noch besser, trauen uns immer noch zu wenig zu, machen vieles lieber gleich selbst, statt es uns versuchen zu lassen. «So kannst du den Jungen doch unmöglich anziehen», sagen sie dann. Oder: «So darfst du das Baby nicht halten.» Oder: «Wie oft habe ich dir schon gesagt, dass er seine Milch nur lauwarm mag?»

Manchmal, zugegeben, möchte man einfach nur schreien.

Das alles, man muss es immer wieder betonen, spricht nicht gegen die Gleichberechtigung, überhaupt nicht. Aber es ist unausweichlich deren Folge. Und wir kommen nicht darum herum, uns mit diesen Folgen auseinanderzusetzen. Im Alltag tut das ohnehin jede Familie, ununterbrochen. Es ist an der Zeit, es auch öffentlich zu tun.

Wir wollen, dass endlich zur Kenntnis genommen wird, dass die alten Rollenmodelle sich auflösen, aber noch keine neuen an deren Stelle getreten sind. Jedenfalls keine, die funktionieren. Und wir wollen, dass endlich klarwird, was das bedeutet: Stress.

Wir denken, dass es an der Zeit wäre, dass Frauen und Männer, Mütter und Väter, Feministinnen und Traditionalisten, Familienforscher und Politiker einander einmal in die Augen sehen und bekennen: Im Moment wissen wir alle nicht, wie es gehen soll.

Wir müssen umdenken, anders diskutieren, und wir sollten uns eingestehen, dass wir mit Entwicklungen konfrontiert sind, die wir alle nicht vorausgesehen, die wir unterschätzt oder schlicht noch nicht verstanden haben. Und die wir, sosehr wir uns auch anstrengen mögen, nicht so einfach ändern können.

Jakob (39):
«Viel verdiene ich nicht»

Du renovierst gerade?

Ja, wir wohnen in einer Dreizimmerwohnung zur Miete. Da habe ich jetzt im Wohnzimmer eine Rigips-Wand gezogen, damit unser großer Sohn ein eigenes Zimmer bekommt. Das wünscht er sich schon lange.

Wie alt ist dein Sohn?

Er ist jetzt 14. Mein kleiner Sohn ist 6, der kommt morgen auf die Grundschule.

Du hast mir mal erzählt, du bist gar nicht gestresst. Das musst du mir erklären: Wie schaffst du das?

Na ja, ich habe eine wunderbare 39-Stunden-Woche im öffentlichen Dienst. Ich arbeite als Archäologe in der Bodendenkmalpflege. Natürlich arbeite ich manchmal auch mehr, bei Ausgrabungskampagnen zum Beispiel, aber ich kann die Überstunden hinterher abbauen. Das ist ganz angenehm, so eine Zeitkasse. Nach der letzten großen Ausgrabung hatte ich über 200 Überstunden. Das ist ein sehr schönes Polster. Ich kann jetzt eigentlich jederzeit sagen, ich arbeite mal vier Wochen lang nur bis vier Uhr.

Arbeitet deine Frau?

Ja, als klassisch ausgebildete Sängerin, da sind ihre Engagements aber sehr unregelmäßig. Übers Jahr gesehen hat sie vielleicht vier, fünf Wochen Proben. Und daneben singt sie in einer Band, das beschäftigt sie zwei Tage die Woche. Aber nichts davon ist fix, und es

trägt, offen gesagt, auch nur sehr wenig zum Familien-
einkommen bei.

*Wenn du abends weg bist und deine Frau spielt, was
macht ihr dann?*

Da haben wir Babysitter, das klappt gut.

Machst du was im Haushalt?

Ja, ganz klassisch, am Wochenende gehe ich einkaufen
und koche. Und irgendwann haben wir den gemeinsamen Putztag auf den Samstag gelegt, das klappt ganz
gut.

Das klingt alles relativ entspannt.

Ja, ist es auch. Aber zur Wahrheit gehört auch, dass
wir finanziell wirklich keine großen Sprünge machen
können. Ich habe eine TVöD-13-Stelle, da kann man
ja nachschauen, was ich da verdiene – also, viel ist
das nicht. Wir haben kein Auto, wir haben eine kleine Miet-Wohnung. Wir machen keine großen Reisen,
die Kinder machen keinen teuren Sport. Ich will da gar
keine Ideologie draus machen, aber das ist die Konsequenz der entspannten Lebensweise.

*Das bestätigt nur die Grundannahme, dass jedes Modell
seinen Preis hat.*

Ja, klar, genau. Ich bedaure das auch gar nicht, nur
manchmal denke ich, dass so gar nichts auf der hohen
Kante liegt, das ist vielleicht nicht gut …

Könnte deine Frau mehr dazuverdienen?

Das haben wir ein paarmal diskutiert. Aber das lief
nicht gut, und deshalb haben wir damit aufgehört.

KAPITEL 4
KAPITALISMUS

Es ist schon ein paar Jahre her, aber du kannst dich noch gut daran erinnern. An die Wochen, bevor dein erstes Kind auf die Welt kam. Du hattest Pläne geschmiedet, dir etwas vorgenommen. Du wolltest dich ganz um deine Frau und das Kind kümmern, dir Zeit für sie nehmen, beide umsorgen. Du wolltest für sie da sein – nicht nur spätabends, nach der Arbeit oder am Wochenende. Du wolltest eine Auszeit vom Job nehmen, zwei Monate Väterzeit, so wie die meisten deiner Freunde.

Du wolltest ein guter Vater sein.

Es ist erst ein paar Jahre her, aber inzwischen arbeitest du mehr als zuvor. Zwei Monate Väterzeit, die hast du gemacht, na klar. Aber dann hat dich die Arbeit regelrecht eingesaugt. Du bist jetzt morgens immer ein wenig vor den anderen da. Du arbeitest nachts. Und am Wochenende auch noch ein paar Stunden. Laut einer Studie des Bundesinstituts für Bevölkerungsforschung sind Väter zwischen 25 und 39 Jahren in der Woche im Schnitt zwei Stunden länger im Job als ihre kinderlosen Kollegen; bei Vätern zwischen 40 und 59 Jahren sind es sogar fünf Stunden.

Du bist also nicht allein. Aber ganz ehrlich: Macht es wirklich einen Unterschied, dass du nicht einzige Idiot bist?

Was uns zu schaffen macht, ist knallharter ökonomischer Druck. Wir sollen: Die Ausbildung unserer Kinder finanzieren, am besten so, dass sie global konkurrenzfähig sind. Wir müssen: Die Rentner finanzieren, und zwar mehr Rentner denn je, die beispiellos hohe Renten beziehen, während wir Beitragszahler gleichzeitig immer weniger werden. Wir müssen auch: Das ständige Wachstum der Wirtschaft antreiben, indem wir noch mehr leisten, noch härter arbeiten, noch besser sind als andere. In einem sehr kurzen Zeitraum, den die Soziologen und Familienforscher als «Rushhour des Lebens» bezeichnen, wird von unserer Generation eine doppelte, wenn nicht eine dreifache Höchstleistung verlangt.

«Rushhour des Lebens», das ist die Zeit zwischen Anfang dreißig und Mitte, Ende fünfzig, wenn sich das Leben von Jahr zu Jahr stärker verdichtet, wenn plötzlich alles zusammenkommt: Berufseinstieg, erste Karriereschritte, Schwangerschaft und Geburt, vielleicht der Kauf einer Wohnung oder eines Hauses. Die Pflege der Eltern. Und als sei all das noch nicht genug, müssen wir uns auch noch um unsere eigene Altersvorsorge kümmern, weil absehbar ist, dass die bisherigen Rentenmodelle nicht mehr funktionieren, wenn wir 67 oder 69 Jahre alt sein werden.

Das hat es so noch nie gegeben. Noch in den sechziger Jahren waren es die Familie und der Beruf, die den Deutschen Sicherheit versprachen. In den Wirtschaftswunderjahren befreite sich das Land von den materiellen Folgen des Krieges, der Wohlstand wuchs. Das ganze Land fuhr ökonomisch «mit dem Fahrstuhl nach oben», wie es der Soziologe Helmut Schelsky beschrieb. Und als gegen Ende des Jahrzehnts die 68er auch noch die gesellschaftliche Verkrustung aufbrachen, schien unendlich viel möglich.

Heute merken wir: Deutschland ist insgesamt gesehen wohlhabender, gleichberechtigter, vielfältiger, bunter und offener geworden – aber im Fahrstuhl nach oben finden nur noch wenige Platz. Dafür ist das Gedrängel vor dem Fahrstuhl heftiger geworden. Wer heute zwischen 30 und 40 Jahre alt ist, verdient deutlich weniger als ein über 50-Jähriger. So groß war die Einkommensspreizung früher nicht. In der Generation unserer Eltern reichte das Einkommen eines 30-jährigen Mannes schon aus, um die Miete, den Lebensunterhalt und den Urlaub für die ganze Familie zu bezahlen – und darüber hinaus sogar noch etwas aufs Sparbuch zu legen. Man wusste: Wenn man ins Berufsleben startete, würde man über die Jahre hinweg immer mehr verdienen können. Man hatte die Chance auf seinen eigenen kleinen Wohlstand. Und wenn man nicht mit dem Geld um sich warf, dann war klar, dass man seinen Kindern und Enkeln einen Teil dieses Wohlstands weitervererben konnte. Es war das implizite Versprechen der sozialen Marktwirtschaft: dass die nächste Generation es einmal besser haben werde als man selbst.

Und heute? Inzwischen verdienen viele Jüngere so wenig, dass sie, wenn sie zwei oder mehr Kinder haben, auch zwei Einkommen brauchen, um sich ein Leben oberhalb des Existenzminimums zu sichern. Wer heute ins Berufsleben einsteigt, bekommt meist erst einmal keinen unbefristeten Arbeitsvertrag, sondern nur eine Anstellung auf Zeit. Das Gehalt ist so niedrig, dass man davon keine Familie ernähren könnte. Und die Aussicht auf Gehaltssteigerungen? Verlassen sollte man sich darauf jedenfalls nicht.

Zwei Kinder großzuziehen kostet heute im Durchschnitt ungefähr so viel, wie es in den sechziger Jahren kostete, vier Kinder zu erziehen. Das liegt ganz einfach daran, dass heute viel mehr Kinder viel länger zur Schule gehen und anschließend studieren. Das heißt, sie müssen auf die eine oder andere Weise von ihren Eltern – von uns also – finanziert werden, bis sie 24 oder 25 Jahre alt sind.

Schaut man einmal auf die gesamtgesellschaftlichen Zahlen, dann ist Deutschland wirtschaftlich in den vergangenen Jahren trotz aller Krisen immer stärker geworden. Die Arbeitslosigkeit ist bei weitem nicht so hoch wie in den anderen Ländern Europas. Die Wirtschaft wächst einigermaßen solide. Und die privaten Vermögen sind insgesamt gesehen stabil. Das Problem ist nur: So gut es dem Land insgesamt geht, so wenig haben die meisten Familien davon. Auch wenn sie sich noch so sehr anstrengen. Denn Deutschland ist in den vergangenen fünfzehn Jahren auch ein ungerechteres Land geworden.

In kaum einem anderen Land der Eurozone ist die Vermögensungleichheit so hoch wie in Deutschland. Und das, obwohl hierzulande so viele Menschen arbeiten wie niemals zuvor. Deutschland ist zwar immer noch das Land in Europa, in dem die Menschen insgesamt den höchsten Anteil ihres Einkommens auf die Bank tragen und sparen. Aber mehr als ein Drittel der Bevölkerung besitzt überhaupt kein Vermögen oder hat Schulden. Und privat fürs Alter vorzusorgen können sich auch immer weniger leisten.

Jeder vierte Erwerbstätige in Deutschland gilt in der Sprache des Arbeitsmarktes als Geringverdiener. So hoch ist der Anteil weder in Dänemark (10 Prozent) noch in den Niederlanden (15 Prozent) und nicht einmal in Bulgarien oder auf Zypern (jeweils 21 Prozent). Als Niedriglohn bezeichnet man einen Lohn, der weniger als zwei Drittel des durchschnittlichen Lohns eines Landes beträgt. In Dänemark liegt diese Grenze bei einem Stundenverdienst von knapp 16 Euro, in Deutschland sind es nicht einmal 10 Euro. Jeder achte Arbeitnehmer verdient weniger als das Arbeitslosengeld II, liegt also mit dem Einkommen unter dem Niveau von Hartz IV.

Das Ganze hat Konsequenzen für die Zeit nach dem Erwerbsleben. Denn die Deutschen werden nicht nur immer älter. Auch die Altersarmut nimmt zu, und die trifft vor allem Frauen. Drei von vier Minijobberinnen sind weiblich, das heißt, dass sie niemals auf eine auskömmliche Rente werden kommen können. Aber auch wir alle, die wir heute arbeiten gehen und noch eine ganze Weile bis zur Rente vor uns haben, werden uns auf niedrigere Renten einstellen müssen. Obwohl unsere Rentenbeiträge – also das, was wir vom Einkommen an die Rentenkasse abgeben – in den kommenden Jahren tendenziell steigen werden.

Man kann also schon verstehen, wenn viele Deutsche den Eindruck haben, sie würden sich abrackern wie noch nie und kämen dennoch auf keinen grünen Zweig.

Klar, auch die Kinderlosen verspüren diesen Druck. Und trotzdem ist es so, dass in den vergangenen Jahren überall in den Unternehmen auch eine neue Konkurrenzsituation entstanden ist – zwischen den Angestellten mit Kindern und denen ohne. Denn warum sollte jemand, der keine Kinder hat, auf einen Kollegen Rücksicht nehmen, der ein paar Tage zu Hause bleibt, nur weil das Kind krank ist? Warum sollte es ohne Konflikte abgehen, wenn die kinderlosen Kollegen in einer Abteilung die liegengebliebene Arbeit der Väter oder Mütter machen müssen, nur weil das Unternehmen kein Geld für eine Aushilfe ausgeben will?

Gleichzeitig merken wir Väter, dass wir es immer häufiger mit – kinderlosen – Kollegen zu tun haben, die jederzeit ranklotzen können und für die es selbstverständlich ist, auch spätabends noch im Büro zu sein, wenn man selbst gern sein Kind ins Bett bringen würde. Als Doppelverdiener-Familie mit Kindern konkurriert man mit den DINKS, den Doppelverdienern ohne Kind. Und was die Frauen schon lange erleben – dass die Kinderlosen ihnen die guten Jobs wegschnappen; dass sie die Zeit haben, auch noch mitten in der Nacht in Meetings zu sitzen; und dass sie am Freitagabend mal kurz zum Wellness-Wochenende abhauen, um am Montagmorgen entspannt und erholt am Schreibtisch zu sitzen –, all das erleben die Väter jetzt auch.

Und es sind nicht nur die Chefs, die uns antreiben. Es sind auch die Chefinnen. Ein Staatssekretär erzählt, wie er einmal an einem Donnerstagabend um 22 Uhr eine Sitzung mit einer Ministerin hatte. Die Ministerin wollte am nächsten Tag frei haben, um nach Hause zu fahren, ihre Tochter hatte Geburtstag. Also verlegte sie die für Freitag geplante Sitzung in den Abend davor. Oder besser gesagt: in die Nacht. Ihr machte das nichts aus, den anderen Teilnehmern schon, aber die konnten ja schlecht absagen. Wenn der Staatssekretär diese Episode erzählt, macht er das mit einem ziemlich spöttischen Ausdruck im Gesicht. Denn die Ministerin gilt als eine Politikerin, die sehr viel Wert auf die Vereinbarkeit von Familie und Beruf legt. Dass ihr eigenes Wohlbefinden dabei manchmal auf Kosten ihrer Kollegen geht? Scheint ihr gar nicht aufzufallen.

Dabei geht es uns Vätern ja gar nicht darum, im Job um jeden Preis weiter Karriere zu machen. Elternfeindlich ist schon der ganz normale Arbeitsalltag, und das in allen Berufen. Unsere Väter haben erlebt, dass der Samstag für viele Beschäftigte zum arbeitsfreien Tag wurde, damals galt das als große soziale Errungenschaft. Inzwischen aber dreht sich der Trend wieder um: Für zwei von drei Beschäftigten in Deutschland ist der Samstag längst wieder ein selbstverständlicher Arbeitstag geworden; jeder Dritte arbeitet auch sonntags und an Feiertagen. Selbst an Heiligabend wird mindestens halbtags gearbeitet, eher mehr.

Die Arbeitswelt verändert sich, und diese Veränderung geht fast immer auf Kosten des Privatlebens. Das betrifft nicht nur die Tage, an denen man arbeiten muss, sondern auch die Taktung der Tage selbst. Videokonferenzen mit Asien oder Amerika finden wie selbstverständlich frühmorgens oder spät am Abend statt. Und dann sind da noch die vielen Leute, die in Dienstleistungsberufen arbeiten, als Bäcker oder Verkäufer oder in irgendeinem Call Center. Je mehr Deutschland zu einer Dienstleitungsgesellschaft wird, desto mehr Leute braucht es auch, die diese Dienste leisten. Am besten rund um die Uhr. Die Ladenöffnungszeiten sind schon lange freigegeben, und Supermärkte, die durchgängig geöffnet haben, gibt es zumindest in den Großstädten des Landes auch immer öfter. «Für die Mehrzahl der Arbeitnehmer ist es nicht möglich, beides zu haben: ein erfülltes Familien- und Berufsleben», heißt es in einer Studie der Unternehmensberatung AT Kearney.

Feste Arbeitszeiten gibt es in unserer Generation immer weniger. Wenn ein Auftrag fertig werden muss, muss er fertig werden, ganz gleich, ob man dafür eine Nacht durcharbeitet. Oder mehrere Nächte. Wir denken und leben in Projekten. Und dummerweise lässt sich das nicht auf die Zeit begrenzen, in der die Kinder in der Schule oder im Kindergarten sind. Wenn es dringend ist, muss die Mail eben doch beantwortet werden, muss man ans Telefon gehen. Und ob es dringend ist, entscheidet nur einer: dein Chef.

Deswegen ist es auch eine Illusion zu glauben, du könntest das Smartphone übers Wochenende einfach mal ausschalten. Denn was würde geschehen? Du hättest zwar zwei Tage Ruhe. Deine Kollegen aber würden weitermailen, sie würden sich gegenseitig mit Ideen bombardieren, und dein Chef würde ständig neue Projekte anregen. Und dann würden die Mails hin- und hergehen, manche Idee würde verworfen, und dafür würden neue Ideen geboren. Und wenn du dann am späten Sonntagabend wieder online gingest, um dich kurz auf den Montag vorzubereiten, dann würdest du lange Mails nachlesen müssen – und in der allerletzten Mail schließlich den Namen dessen finden, der nach Meinung deines Chefs und deiner Kollegen das neue Projekt, auf das sich alle geeinigt hätten, nun umsetzen solle: du.

Also hetzen wir uns immer weiter und versuchen, irgendwie über die Runden zu kommen. Und lassen uns antreiben von irgendwelchen Vorgesetzten, die vom eigenen Adrenalin befeuert werden, vom Glauben an die eigene Bedeutung. Die nachts oder am Wochenende E-Mails abfeuern und morgens sauer sind, wenn keine Antwort gekommen ist. Ältere Männer in Führungspositionen, die «eine Frau zu Hause haben», wie sie sagen. Wir lassen uns schikanieren von Abteilungsleitern, die die Wünsche von uns Vätern nach einer Elternpause oder kürzeren Arbeitszeiten mit vorgeschobenen Argumenten abweisen.

«Gehe in deiner Arbeit auf, nicht unter», hat der französische Regisseur Jacques Tati einmal gesagt. Und was machen wir? Vergeuden unsere Zeit in Besprechungen, die keiner braucht. Rund 15 Prozent ihrer Arbeitszeit verbringen die Beschäftigten eines Unternehmens aufs Jahr gerechnet in Konferenzen, heißt es in einer Studie von Bain & Company. Und auch Smartphones und Tablets und all die neuen technischen Möglichkeiten, die Arbeit heute ganz anders zu organisieren, haben an der Meeting-Manie in den Firmen nichts geändert. Im Gegenteil: In den vergangenen sechs Jahren ist die Zeit, die man in Konferenzen zubrachte, immer weiter gestiegen, haben die Berater von Bain & Company herausgefunden. Und der Wahnsinn wächst, je höher man auf der Karriereleiter steigt. Laut Bain verbringt ein Manager im Rang eines Senior Vice Presidents jede Woche mehr als 21 Stunden in Besprechungen. Dabei, so die Berater, fänden viele Meetings allein aus Gewohnheit statt – und nicht, weil es einen konkreten Anlass gäbe.

Wir verschwenden unsere Zeit auf das Lesen von E-Mails, die wir gar nicht hätten lesen müssen, weil ihr Inhalt so belanglos ist. 30 000 Mails im Jahr erhält jede Führungskraft, haben die Berater von Bain & Company ermittelt. Umgerechnet auf den Werktag sind das 120 Nachrichten täglich. «Wäre Zeit tatsächlich Geld und würde sie auch so behandelt, hätten viele Unternehmen mit riesigen Verlusten zu kämpfen», heißt es in der Stu-

75

die. Und es sind nicht nur Top-Manager, die mit Mails zugemüllt werden.

Philipp Staab ist wissenschaftlicher Mitarbeiter am Hamburger Institut für Sozialforschung. Er hat untersucht, wie die Unternehmen den Druck auf ihre Angestellten immer weiter erhöhen. Interessant an seinen Forschungsergebnissen ist, dass nicht nur im Büroalltag der Stress immer größer wird, sondern auch bei den sogenannten einfachen Berufen – also dort, wo man eigentlich glauben würde, dass durch den technischen Fortschritt viele Arbeiten entweder weggefallen oder zumindest sehr viel leichter geworden sind. «Einfache Dienstleistungsarbeit wird unter Rationalisierungsdruck körperlich härter: Kisten stemmen im Einzelhandel, Pakete die Treppen hochtragen, Wasserflaschen über den Kassenscanner ziehen, sich bücken und schwere Gewichte heben», sagt Staab. «Die körperlich leichtere, aber komplexere Arbeit fällt ja durch die Rationalisierung weg. Die Leute sind häufig schon mit Mitte, Ende 40 körperlich verschlissen.»

In einem Interview mit der Zeitschrift *brand eins* schildert Staab, wie gerade in den Dienstleistungsbranchen der Druck auf den einzelnen Mitarbeiter wächst: «Früher wurde etwa in der Gebäudereinigung detailliert vereinbart, was genau die Reinigungskraft zu tun hatte. Heute bieten die Unternehmen dem Kunden, zum Beispiel einem Bürokomplex-Betreiber, pauschal an, für adäquate Sauberkeit zu sorgen – was das ist, liegt im Auge des Betrachters. Besondere Ansprüche muss die Reinigungskraft auffangen, etwa wenn die Räume besonders stark verschmutzt sind, ohne dass sie deshalb mehr Stunden bezahlt bekäme. Verantwortung wird nach unten durchgereicht.»

Und wir? Nehmen das alles hin.

Wir haben in überfüllten Hörsälen studiert, weil der Staat damals kein Geld für größere Räume oder zusätzliches Lehrpersonal hatte. Und heute stehen wir am Wochenende im Kindergarten unseres Sohnes und streichen zusammen mit anderen Eltern die Wände, oder wir helfen beim Großputz in der Grundschule unserer Tochter, weil der Staat kein Geld für den Maler und die Putzleute hat.

Wir haben es akzeptiert, dass die zahlenmäßig so starke Generation der über 50-Jährigen sich zum Maßstab des eigenen Handelns erklärte und unsere Politiker bei ihren Entscheidungen mehr an die Alten als an die Jungen dachten.

Wir haben die Wirtschafts- und Finanzkrise ertragen und uns nicht aus der Bahn werfen lassen. Wir sind weiter einkaufen gegangen, haben weiter Geld ausgegeben und damit dazu beigetragen, dass die Krise zumindest in Deutschland nicht ganz so schlimm ausfiel.

Vor allem aber sind wir trotz des wirtschaftlichen Drucks, der auf uns lastet, und trotz des ganzen gesellschaftlichen Wahnsinns um uns herum noch einigermaßen vernünftig geblieben. Wir sind nicht auf die Straße gegangen, um gegen das System zu demonstrieren. Und die meisten von uns haben keine radikalen Parteien gewählt.

Wir haben ziemlich brav weitergemacht.

Manchmal kann es einem so vorkommen, als hätten unsere Großeltern und Eltern zwar sehr hart dafür gearbeitet, das Land aus den Trümmern des Zweiten Weltkriegs wiederaufzubauen. Aber gleichzeitig scheinen sie mit diesem Land auch sehr sorglos umgegangen zu

77

sein. Sie haben einen Schuldenberg angehäuft, den wir niemals werden abtragen können. Sie haben die Schulen und Kindergärten verkommen lassen und nichts gegen die soziale Spreizung im Land unternommen. Sie haben eine Klientelpolitik zugunsten der Alten und Älteren zugelassen – und die Lage der jungen Familien ignoriert.

«Unsere Gesellschaft ist in Schieflage geraten wie ein langer Tisch, der sich unmerklich zur Seite neigt», sagt der Philosoph Dieter Thomä. «Wenn man daran sitzt, merkt man es kaum. Aber wenn man eine Kugel auf ihm laufen ließe, würde sie zu einer Seite rollen. Und das ist nicht die Seite der Familie.»

Christian (46):
«Wie wird man eigentlich glücklich?»

Wie lebst du?

Ich bin Jurist bei einem Verband in Berlin, ich bin verheiratet, wir haben zwei Töchter, die kleine ist zwölf, die große 14.

Wie viel arbeitest du?

Vielleicht 45 Stunden in der Woche. Früher war ich bei einem großen Versicherungskonzern, da habe ich jeden Abend bis neun, halb zehn Uhr gearbeitet, und am Wochenende auch noch. Wenn ich nichts geändert hätte, wäre unsere Ehe kaputtgegangen. Ich war nie da, am Wochenende war ich gestresst, irgendwann wurde mir klar, dass das so auf Dauer nicht funktioniert.

Und jetzt?

Gehe ich um sieben aus dem Büro, mittwochs spätnachmittags habe ich frei, da gehe ich zum Sport. Das ist ein Luxus, den ich mir nirgendwo sonst leisten könnte. Und am Wochenende habe ich frei.

Bei gleichem Einkommen?

Nein, ich verdiene jetzt nur noch die Hälfte.

Das hat euch nichts ausgemacht?

Na ja. Meine Frau arbeitet wieder, um das aufzufangen.

War das eine bewusste Entscheidung für die Familie?

Ja, aber ich hatte auch keine Lust mehr im Job. Ich fand die Konzern-Strukturen furchtbar. Alle Kollegen standen wahnsinnig unter Druck, sagten, sie können die Anforderungen nicht erfüllen. Alles nur effizient, schnell, auf Kosten getrimmt.

Und dein Ehrgeiz?

Ach, der hielt sich in Grenzen. So richtig habe ich mich in der Versicherung nie wohl gefühlt. Jetzt kann ich immerhin mehr zu Hause sein, was mich in gewisser Hinsicht glücklich macht. Und meine Frau hat eine Arbeit, die ihr Spaß macht. Das ist wichtig, auch für mich.

Was macht sie?

Sie arbeitet für eine Agentur, die Kongresse im Ausland organisiert. In der Regel ist sie dafür fünfmal im Jahr für jeweils zehn Tage unterwegs. Danach ist sie immer total erschöpft, aber trotzdem macht ihr das irre viel Spaß. Da ist sie die Chefin der Mannschaft, da hat sie nicht nur mit Kindern zu tun, da ist sie in Moskau und Shanghai unterwegs, auch wenn sie von den Städten meist gar nicht viel sieht. Das alles ist ganz wichtig für sie. Die Arbeit belebt sie – und auch unser Zusammenleben.

Klingt alles in allem nach einem guten Modell.

Na ja, meine Frau ist manchmal schon frustriert. Sie sagt, dass sie die fünf Jahre, die sie nicht gearbeitet hat, nie wieder aufholen kann. Sie sieht die Frauen, die voll arbeiten und an ihr vorbeiziehen. Wer nur halbtags arbeitet, kann meistens eben doch keine große Karriere machen.

Würde sie gern mehr arbeiten?

Vor einer Weile hat sie auf Bitte ihres Arbeitgebers um eine Stunde aufgestockt. Das war ein Drama.

Warum?

Unsere jüngere Tochter sollte bloß eine Stunde pro Tag länger im Kindergarten bleiben. Aber das Jugendamt hat trotz vielen Nachfragens ein halbes Jahr gebraucht, um den Betreuungsgutschein aufzustocken. Das klingt jetzt nebensächlich, aber wenn wir uns streng an die Regeln gehalten hätten, hätte unsere Tochter nicht länger im Kindergarten bleiben können – und meine Frau hätte nicht länger arbeiten können. Zum Glück hat der Kindergarten alle Augen zugedrückt. Und da reden immer alle von der Vereinbarkeit von Familie und Beruf.

Das ist ja häufig so: Objektiv sind die Probleme nicht gewaltig, aber sie sorgen für zusätzlichen Stress in einer Situation, in der man ohnehin schon am Limit ist.

Und mit der Schule ist es genauso. Bei uns werden drei Jahrgangsstufen gemeinsam in einer Klasse unterrichtet. Theoretisch ist das vielleicht toll, praktisch bedeutet es, du hast fünfjährige Mädchen und neunjährige Jungs, sogenannte Verweiler, in einer Klasse, ein Generationenunterschied. Insgesamt 27 Kinder bei einer Lehrerin, kein Nebenraum für den Einzelunterricht, obwohl der versprochen worden war. Keine zusätzlichen Erzieher, obwohl auch die versprochen worden waren. Das war die absolute Katastrophe. Da hat keiner etwas gelernt. In der ersten Klasse haben wir das noch nicht richtig gemerkt. In der zweiten Klasse haben wir protestiert, in der dritten haben wir resigniert und den Unterricht quasi am Wochenende selbst gemacht. Das hat unsere Wochenenden vergiftet. Wir hatten keine Lust, unsere Tochter hatte keine Lust, wir haben es bestimmt auch schlecht gemacht. Es gab Streit, erst mit der Kleinen, dann haben meine Frau und ich uns gestritten, ob wir zu streng oder zu nachsichtig sind.

Was stellst du dir für deine Töchter vor?

Ich habe schon manchmal gedacht, wenn sie ein eher traditionelles Rollenmodell leben, also nicht dem Druck ausgesetzt sind, Karriere machen zu müssen, dann werden sie vielleicht glücklicher. (Lacht.) Tja, wie wird man eigentlich glücklich? Wenn ich das wüsste …

KAPITEL 5
ERWARTUNGEN

Es liegt auch an uns. Natürlich wissen wir das. Wir wissen, dass es nicht allein der Druck von außen ist, der uns in die Erschöpfung treibt, der ökonomische Druck, der Druck, der vom Arbeitgeber kommt, von der Partnerin oder den Kindern. Es ist auch der Druck, den wir uns selber machen. Es sind unsere eigenen Ansprüche, die so hoch sind, dass wir sie kaum erfüllen können.

Wir wissen all das, und dennoch fällt es uns schwer, das zu akzeptieren. Wenn wir ehrlich sind, ganz ehrlich, wollen wir keine Abstriche machen. Wir wollen der liebevollste Vater überhaupt sein; ein Vater, der immer Zeit zum Spielen hat; der die tollsten Sachen mit Lego baut; ein Vater, der nie schimpft und schreit und niemals ärgerlich ist.

Wir wollen außerdem der beste Ehemann von allen sein, ein Partner, der immer zuhört; der natürlich die Waschmaschine und den Trockner füllt, und der auch die Hemden selber bügelt; wir wollen wunderbar kochen können und morgens den schönsten Frühstückstisch überhaupt decken. Wir wollen ein sensationeller Liebhaber sein und gleichzeitig eine starke Schulter zum Ausweinen bieten; sensibel und erfolgreich zugleich sein.

Und natürlich gilt das alles auch spiegelbildlich: Wir wollen Frauen, die tolle Mütter sind, erfolgreich im Beruf und kulturell interessiert. Dass sie manchmal müde und abgespannt sind? Geschenkt. Viel wichtiger ist uns:

Wir wollen ihren Rat, Gespräche auf Augenhöhe, wollen an den Kabalen in ihren Agenturen, ihren Büros genauso teilhaben wie umgekehrt. Wir wollen unseren Partnerinnen Freiräume für ihre Karriere schaffen, wollen ihnen den Rücken stärken, wenn es bei ihnen im Job brennt. Und wollen mit ihnen lachen an der Kasse im Supermarkt.

Und dann? Hatten wir schon wieder keine Zeit, als die Kinder spielen wollten; liegt die schmutzige Wäsche, um die wir uns am Samstag früh kümmern wollten, auch Sonntagnachmittag noch dreckig herum; musste die Partnerin doch wieder einen Babysitter organisieren, weil wir ausgerechnet an dem Abend, an dem sie überraschend in ein Meeting musste, noch ein wichtiges Gespräch hatten; war das Frühstück ein Reinfall, weil wir den Namen ihrer neuen Chefin schon wieder verwechselt haben, ungefähr zum siebten Mal. Nie hören wir richtig zu. Und das mit dem Sex … ach, lassen wir das.

Und jetzt sollen wir, ausgerechnet wir, uns eingestehen: Es geht nicht? Es gibt Grenzen? Wir drohen zu scheitern – oder scheitern sogar? Natürlich ist das eine Kränkung. Natürlich fällt es uns schwer, das hinzunehmen. Und damit sind wir beileibe nicht allein. «Gerade junge Leute sind heute so aufgewachsen, als wäre alles möglich», hat die ehemalige Siemens-Managerin und österreichische Politikerin Brigitte Ederer einmal in einem Interview gesagt: «Es ist aber nicht alles möglich. Man kann nicht einen sehr spannenden Job haben, sehr gut verdienen, Kinder haben, eine vollkommen funktionierende Familie und dann abends ausschauen wie Claudia Schiffer. Das wird nicht klappen. Diese Erkenntnis ist der heutigen Gesellschaft fast am schwierigsten zu vermitteln.»

Sprechen wir also über Erwartungen. Über das, was wir von uns selbst erwarten, und über die Erwartungen der anderen.

Warum wir derart zum Perfektionismus neigen, ist nicht ganz leicht zu erklären. Vielleicht liegt es daran, dass wir in einem Land groß geworden sind, in dem sehr viele Ingenieure und Techniker unendliche Energie auf die Verbesserung winziger Details verwenden. Bloß ein bisschen herumzuschlampen, die Dinge nicht so ernst zu nehmen, lustvoll zu improvisieren und zu sehen, was passiert – das ist als Gesellschaft nicht so unser Ding.

Vielleicht strengen wir uns aber auch derart an, alle Erwartungen zu erfüllen, weil uns das quasi zur Gewohnheit geworden ist. Weil wir mit einer Dauerbeschallung aufgewachsen sind, die nur ein Ziel vermittelte: Leistung, Effizienz, Präzision. Man hat uns ermahnt, rasch zu studieren, früh zu arbeiten und privat fürs Alter zu sparen, weil die staatliche Rente für uns leider nicht mehr reichen werde. Jeder und jedem wurde eingehämmert, sich weltmarktfähig zu machen, geschmeidig und zielstrebig zu handeln, sich alle Optionen offenzuhalten und möglichst viele wahrzunehmen. Und wir haben es getan.

Unsere Lehrer, Unidozenten und Chefs sprachen irgendwann nur noch vom «Druck der Globalisierung» und davon, dass wir uns alle mehr anstrengen müssten, weil die anderen ja auch nicht schliefen, die Japaner, Koreaner und vor allem die Chinesen. Und wir haben uns angestrengt und nur still in uns hineingelächelt, dass diese Sprüche von Leuten kamen, die selbst nie im Ausland gewesen waren.

Später hörten wir, dass Deutschland der kranke Mann Europas sei, das ökonomische Schlusslicht des ganzen

Kontinents. Und dass wir gewaltig reinhauen und viel wettbewerbsfähiger werden müssten – sonst würden unsere Jobs nach Osteuropa abwandern oder gleich nach Asien. In jeder Fernsehtalkshow saßen Politiker und Ökonomen, die davon sprachen, dass wir faul und anspruchsvoll geworden seien und uns wieder mehr zumuten müssten. Also krempelten wir die Ärmel hoch, arbeiteten noch mehr und länger und verzichteten sogar auf Gehaltserhöhungen, im Interesse des Großen und Ganzen. Und Deutschland kam wieder an die Spitze.

Und wenn es einmal nicht rundläuft? Dann, so wurde uns eingetrichtert, gibt es Legionen von Trainern, Beratern, Coaches. Dann gibt es ganze Bibliotheken voller Ratgeberliteratur. Ein kompletter Wirtschaftszweig, die Selbstoptimierungs-Industrie, lebt von dem Versprechen, dass nichts unmöglich sei – und macht beste Geschäfte damit. Zen für Hausfrauen, Tai-Chi für Manager, Yoga für Großstadt-Singles, Bauch-Beine-Po in Hinterpommern. Und immer ist die Botschaft: Es geht! Du kannst es! Just do it! Jeder Mensch kann Marathon laufen, verkünden die Gurus des Geht-doch. Jeder kann Karriere machen, erfüllenden Sex haben, neue Sprachen lernen, durch Myanmar trampen. Zur Not auch gleichzeitig. Alles nur eine Frage des Trainings, der Konzentration, des Willens.

Und nun ist irgendjemand erstaunt, dass wir uns anstrengen, alle Erwartungen zu erfüllen? Nun ist es plötzlich eine Überraschung, dass wir nach perfekten Lösungen suchen? Vielleicht aber hat unsere Neigung zum Perfektionismus auch auf einer viel fundamentaleren Ebene damit zu tun, dass uns im Grunde alles offenzustehen scheint. Es gibt unendlich viele Möglichkeiten, unsere Leben zu gestalten, es gibt unendlich viele Möglichkeiten, eine gute Mutter oder ein guter Vater zu sein. Und weil es so unendlich schwierig ist, sich zwischen all den Möglichkeiten zu entscheiden, scheint es manchmal, als sei es das Einfachste, eben gleich alle Erwartungen zu erfüllen.

Der Soziologe Hartmut Rosa hat eine geradezu existenzialistische Theorie dazu. Weil wir nicht mehr an Gott glauben, so geht seine Argumentation, und erst recht nicht an ein besseres Leben im Jenseits, sind wir auf dieses eine Leben im Hier und Jetzt beschränkt. Es ist das einzige, das wir haben, und es ist endlich. Was wir nicht in den sechzig, siebzig, vielleicht achtzig Jahren erleben, erleiden, erfahren, die uns biologisch zugemessen sind, das wird uns für immer verschlossen bleiben. «Yolo» heißt das Schlagwort – you only live once. Man lebt nur einmal. Es ist auch eine Drohung.

Angesichts der abertausend Optionen, die wir jedenfalls theoretisch haben, angesichts all der Dinge, die wir tun könnten, all der Orte, die wir schon gern besuchen würden, ist die Beschränkung auf sieben oder acht Jahrzehnte fast schon ein Fluch. Die Angst, einfach so dahinzuleben, ist kaum zu ertragen. Und sie fördert den Wunsch, genauer: den Wahn, eben alles zu erleben, was irgend möglich ist, aus der knappen Zeit, die wir haben, «möglichst viel zu machen», und das, was wir tun, gut zu machen. Richtig. Am besten perfekt. Man kann vielleicht Umwege gehen und Schwerpunkte verschieben, aber das muss immer einen Sinn ergeben und zur Vervollkommnung des Lebenszwecks beitragen. Schließlich haben wir nicht allzu viele Anläufe frei.

Nun gibt es Stimmen, die behaupten, Kinder wirkten antiperfektionistisch. Sie würden ihre Eltern erden, sie vom verwirrten, ehrgeizigen Kopf auf die Füße stellen, der Realität zum Durchbruch verhelfen. Die Autorin Franziska Storz etwa hat in der *Süddeutschen Zeitung* geschrieben, Kinder hätten die wunderbare Eigenschaft, ihren Eltern einen Horizont zu schenken und «die allseits suggerierte Multioptionalität» einzuschränken. Sie «zwingen eine Generation von Eltern, die sich auf nichts festlegen will und für nichts entscheiden kann, in den Alltagsrealismus. Sie machen, dass man aufhört, sich ausschließlich um sich selbst zu drehen.»

Das ist fraglos richtig. Nur bedeutet es eben nicht, dass der eigene Perfektionismus abgeschaltet wird. Er sucht sich nur neue Ziele.

Ehe und Familie werden heute nicht mehr aus den traditionellen Motiven begründet: um Güter, Titel oder Ländereien von einer Generation zur nächsten weiterzugeben; sie sind auch nicht mehr der gesellschaftlich notwendige Rahmen für Sex – den kann man heute überall haben. Die einzige wirklich originäre Aufgabe, die Familien heute noch haben, ist die Geburt und Erziehung von Kindern. Eine Familie ist da, wo Kinder sind. Kinder begründen und definieren Familie. Soziologen nennen das die «kindzentrierte Familie».

Das beginnt schon beim Kindermachen. Wenn das nicht so richtig klappt, versuchen die Paare erst recht, perfekte Leben zu führen. Sie hören mit dem Rauchen auf, ernähren sich gesünder, fahren in den Entspannungsurlaub; die Frauen messen morgens penibel ihre Temperatur, und die Männer schlucken Zinktabletten, um ihre Spermaqualität zu verbessern. Nichts wird dem Zufall überlassen.

Beim Kinderkriegen warten wir moderne Männer natürlich nicht ängstlich zu Hause, wie noch unsere Väter, da wollen wir ganz dicht dabei sein, von der Atem-Gymnastik bis zum Kreißsaal, wollen jeden Moment miterleben, miterleiden.

Und wenn die Wunschkinder dann endlich da sind, erreicht der Perfektionismus ganz neue Höhen.

Dann fahren die sogenannten Helikopter-Eltern ihre Kinder mit dem Auto zur Schule, und seien es auch nur 500 Meter, damit ihnen unterwegs ja nichts passiert. Dann agieren Eltern übervorsichtig, überängstlich und am Ende einfach nur überspannt – bloß, weil sie alles richtig machen wollen. In einem Interview mit der *Süddeutschen Zeitung* hat die Regisseurin Doris Dörrie einmal sehr anschaulich beschrieben, wie sie das Verhalten einer Helikopter-Mama erlebte und was das mit deren Kind machte: «Sie hat ihren Sohn, als der noch nicht mal ein Jahr war, immer gefragt: ‹Sag mal, möchtest du lieber ein Vollkornbrot mit Leberwurst – oder lieber ein getoastetes Weißbrot mit Marmelade? Ich könnte dir auch Reiscracker mit Mandelmus machen, was ich persönlich am besten fände. Also, was möchtest du?› Natürlich hat der Junge angefangen zu heulen und zu schreien. Er hatte einfach nur Hunger, er hat nichts verstanden!»

Wir sind keine Helikopter-Eltern. Aber alles, was die anderen machen, löst auch bei uns Fragen aus: Ist es in Ordnung, das Kind auf die normale staatliche Schule in unserem Stadtteil zu schicken – oder muss es nicht auch, wie bei unseren Freunden, die mehrfach ausgezeichnete, pädagogisch herausragende private Superschule sein? Reicht es wirklich aus, wenn das Kind erst ab der dritten Klasse Englisch lernt? Oder sollte es Englisch nicht besser schon im Kindergarten lernen und in der ersten Grund-schulklasse dann Spanisch oder Mandarin?

Also besuchen auch wir Infoabende, wälzen Broschü-ren und reden mit anderen Eltern über nichts anderes mehr als über die Schulwahl der Kinder. Wir hospitieren auch mal einen Tag in einer Klasse, um ganz sicher zu sein, wie der Unterricht für die Kleinen so abläuft. Im Büro erzählt eine Kollegin, dass sie sich zum Schein bei einer Bekannten in einem anderen Stadtteil eingemie-tet habe, nur um eine Adresse im Einzugsgebiet jener Grundschule zu haben, auf die ihr Kind unbedingt gehen solle. Nun habe sie jeden Tag Angst, erwischt zu werden, schließlich habe die Schulleitung strenge Kontrollen an-gekündigt.

Und nur manchmal, in den etwas klareren Momen-ten, fragen wir uns, wer da eigentlich spinnt: die ande-ren, weil sie einen Wahnsinnsaufwand betreiben und zig Kindergärten, Musikschulen, Fußballclubs und Schwimmvereine testen, um ihrem Kind immer nur das Beste zu bieten? Oder spinnen wir, weil wir uns viel zu wenig kümmern und damit unserem Kind den Start ins Leben versauen?

Wer wissen will, warum Eltern – Väter wie Mütter – im-mer perfekt sein wollen, der findet hier eine Antwort: Sie konkurrieren nicht nur mit dem Weltmarkt, mit wunder-samen kleinen Koreanern, die schon im Alter von vier Jahren drei Patente angemeldet haben und von ihren überehrgeizigen «Tiger Moms» dafür nicht mal gelobt werden. Sie konkurrieren auch miteinander, mit den an-deren Mittelschichtseltern und Mittelschichtskindern. Und diese teils bewusste, teils unbewusste Konkurrenz unter den Eltern erzeugt mächtig viel Druck, schürt

Zweifel und sät Streit. Weil sie immer wieder das in Frage stellt, was man ja gerade besonders gut machen möchte – den Umgang mit dem eigenen Kind.

Allerdings ist diese Konkurrenz der Eltern nicht bloß ein Problem für hyperventilierende Mittelschichtsfamilien aus Hamburg-Eppendorf, München-Haidhausen und Berlin-Prenzlauer Berg. Vielleicht ist sie dort stärker ausgeprägt und wird erbitterter betrieben als anderswo. Doch dahinter steht ein Phänomen, das weitverbreitet ist. Das uns alle betrifft. Alle, die wir in der Moderne leben.

Wir alle sind «Radarmenschen».

So hat der amerikanische Soziologe David Riesman in seinem Buch «Die einsame Masse» die Bewohner amerikanischer Großstädte genannt, Männer und Frauen, die nicht mehr nach traditionellen Mustern leben, die keinen starken inneren Kompass besitzen, keine religiösen oder ideologischen Überzeugungen und deshalb die Menschen um sie herum zum Zentrum der eigenen Verhaltenssteuerung machen. Sie scannen sich ständig gegenseitig, versuchen permanent, Erwartungen abzugleichen und sich ihnen anzupassen. Sie sind jederzeit auf Empfang, können sich geschmeidig verwandeln, wollen jederzeit herausfinden, wie man nett erscheinen und sich trotzdem durchsetzen kann. Ihr Ziel ist es, so wie die Umgebung zu sein, ihre Anerkennung ist der Zuspruch der anderen. Und ihre größte Angst ist es, den Kontakt zu verlieren und damit die Orientierung und schließlich sich selbst.

Riesmans Buch stammt zwar bereits aus dem Jahr 1950, aber wahrscheinlich waren die Phänomene, die er beschreibt, noch nie so ausgeprägt wie heute. Zum einen,

91

weil sich die Erwartungen an uns seit dem Ende des Zweiten Weltkriegs noch einmal vervielfältigt haben und die traditionellen Verhaltensmuster, die überkommenen Rollenmodelle sich immer weiter auflösen. In unserer «Multioptionswelt» gibt es kaum noch Haltepunkte, an denen wir uns orientieren könnten. Die «Binnensteuerung» fällt weithin aus, die «Außensteuerung» wird immer wichtiger.

Zum anderen aber sind wir mehr denn je Radarmenschen, weil wir mit den sozialen Netzwerken, mit Twitter und Facebook und Tumblr, tatsächlich so etwas wie digitale Radargeräte zur Verfügung haben, mit denen wir jederzeit verfolgen können, was andere tun, wo sie sich gerade herumtreiben, was sie wieder Großartiges erlebt haben. In einem immerwährenden Strom verfolgen wir die Hochglanzfotos unserer Freunde, ihre retuschierten Urlaubsbilder von Traumstränden und polierten Momentaufnahmen der Wirklichkeit. Wir sehen das Leben der Menschen um uns herum, quasi in Echtzeit, und es scheint so viel sorgloser, so viel fröhlicher, so viel ereignisreicher zu sein als unseres – und haben noch mehr das Gefühl, hinter den eigenen Erwartungen zurückzubleiben. Denn bei den anderen läuft es ja rund, die haben alles im Griff. Das sehen wir doch.

Vermutlich hat noch keine Generation jemals ihr Glück so sehr nach außen demonstriert wie wir. «Erst die Vorführung des Glücklichseins macht das Glücklichsein zum Glücklichsein», spottet die Autorin Nina Pauer. «Kaffeeschaum ist nicht nur Kaffeeschaum. Es ist der qualitativ beste, der ästhetisch tauglichste, das ultimative Symbol für einen bewusst erlebten Moment. Babys und Babyspinat, selbst gepflückte Blumen, der alte rustikale Bauerntisch – all das wird fürs Publikum, für Freunde und Follower aufbereitet.»

Natürlich wissen wir auch, dass diese Aufnahmen geschönt sind, dass sie eine verzerrte Realität zeigen. Und doch lösen sie etwas in uns aus: Fernweh vielleicht, Sehnsucht, den Wunsch, mit dabei zu sein, wo die anderen sind, oder einfach schlichten, hässlichen Neid. Wir Radarmenschen können gar nicht anders, als auf solche Signale zu reagieren, und so wird die Scheinwelt doch mit der Realität rückgekoppelt. Und der Perfektionsdruck steigt weiter.

Womöglich steckt in alldem aber auch eine Pointe, die uns ein wenig entlasten könnte. Denn viel, eigentlich alles, spricht dafür, dass nicht nur wir Radarmenschen sind, sondern auch alle Menschen um uns herum. Zum Beispiel auch unser Chef. Und so könnte es ja sein, dass unser Chef sein Verhalten unbewusst an den Erwartungen ausrichtet, die ihm entgegengebracht werden. Vielleicht erwartet der Chef, dass seine Mitarbeiter von ihm erwarten, dass er sie am Wochenende mit E-Mails bombardiert, weil sie sonst denken würden, er täte nichts für sein Geld. Und dann verschickt dieser Chef sehr viele Mails an diesem Sonntagmorgen. Und dann stehen überall in der Stadt die Väter auf den Bolzplätzen oder an den Schwimmbeckenrändern oder in den Pferdeställen und achten nicht auf ihre Kinder, sondern denken nur daran, was sie dem Chef nun antworten sollen.

Und so wären wir dann alle beschäftigt und abgelenkt wegen – nichts.

DIE FOLGEN DER
VEREINBARKEITSLÜGE

Peter (47):
«Ich habe gearbeitet, bis ich zusammengebrochen bin»

Wie viele Kinder hast du?

Zwei Jungs, sieben und neun Jahre alt.

Verbringst du viel Zeit mit ihnen?

Jetzt schon. Wir leben in Österreich, in der Nähe eines Sees. Sie sind viel draußen, und wir gehen zusammen schwimmen, spielen Fußball.

Und wie war es vorher?

Wir haben in Berlin gelebt, ich habe im Vertrieb einer Softwarefirma gearbeitet. Durch die Krise ist das Geschäft eingebrochen, ich hatte Einkommenseinbußen, es gab enormen Druck auf die Mitarbeiter. Ich bin oft tagelang durch Deutschland gereist, war wenig zu Hause. Aber diesen Druck hätte ich vielleicht noch irgendwie bewältigt. Als das erste Kind kam, wurde es schwieriger.

Warum?

Da war ein Gefühl von Ohnmacht, Wut, gefühltes Unvermögen. Ich bin abends fix und fertig nach Hause gekommen und wollte mich um das Kind kümmern. Ich wollte helfen. Und meine Frau hat dann sofort gesagt: «Nee, lass das lieber, du fasst ihn falsch an, ich mache das schon.» Ich konnte nichts beitragen. Ich fühlte mich ausgeschlossen aus dem Familienverbund. Als unser zweites Kind kam, hatten wir gar keine Zeit mehr für die Partnerschaft, wir haben nur noch organisiert, den Beruf, das Familienleben. Meine Frau hat dann ja auch nicht mehr gearbeitet und sie war sicher auch ein Stück weit frustriert, dass sie immer alleine zu Hause saß, so hatte sie sich das nicht vorgestellt. Das hat dann die Sache zum Eskalieren gebracht.

Wie ist es eskaliert?

Im Job wurde der Druck immer größer. Auch wenn man gute Zahlen brachte, kam immer gleich die Frage: «Warum hast du nicht das erreicht, was du dir vorgenommen hast?» Ich hatte dann einen Termin in der Firmenzentrale und stand also vor der Tür zum Sitzungszimmer, und plötzlich wurde mir bewusst, wie viele Leute hinter der Tür saßen und wieder nur auf mir herumhacken würden. Mein rechter Arm hat zu schmerzen begonnen, von der Schulter bis zum Ellbogen hinunter. Ich habe im ganzen Rücken nichts mehr gespürt. Ich bin dann weggetreten. Ich habe die ganze Sitzung aus einer Helikopter-Perspektive beobachtet, ich habe mich gesehen, wie ich spreche, wie ich agiere. Aber ich war überhaupt nicht da. Ich habe auch gar nichts mitbekommen.

Wie ging es weiter?

Es ist dann Gott sei Dank jemand auf mich zugekommen und hat mich gefragt, was los sei, warum ich so teilnahmslos wirke. Und dann habe ich einen Weinkrampf bekommen und bin zusammengebrochen. Unser Firmeneigentümer hat sofort gesagt, ich solle alles stehen- und liegenlassen und mir so viel Zeit nehmen, wie ich brauche. Am nächsten Tag war mein Mailaccount gesperrt, auch mein Handy war gesperrt. Ich konnte nicht mehr arbeiten, obwohl ich es wollte. Mein erster Instinkt war ja, der Welt zu beweisen, dass alles nicht so schlimm war.

Hast du eine Therapie gemacht?

Ja. Nach vier Monaten war ich an einem Nullpunkt angelangt. Ich konnte loslassen und alles neu entscheiden. Dann sollte unser Großer in die Schule kommen, und wir haben uns überlegt, wo und wie wir eigentlich leben wollen. Und wir haben beschlossen, dass Kinder besser in eine ländliche Umgebung passen als in die Großstadt, wo sie nicht einfach so auf der Straße spielen können oder wo man als Eltern immer gleich große Entfernungen zurücklegen muss, wenn es zum Sport geht. Dann sind wir nach Österreich gezogen.

Was hätte dich damals vor dem Zusammenbruch bewahren können?

Ich hatte gar nicht gemerkt, dass ich auch mal Zeit für mich brauche. Ich kam abends heim und hatte ein schlechtes Gewissen, weil ich so lange weg gewesen war. Also wollte ich mich um die Kinder kümmern, und danach wollte ich mich um meine Frau kümmern, weil ich ja auch als Liebhaber und Ehemann bestehen wollte. Und auf mich selbst habe gar nicht mehr geachtet.

KAPITEL 6
HYPERTASKING

Eigentlich ist es nur ein Werbespot, der zeigen soll, wie einfach und schnell Online-Banking funktioniert. Doch in Wahrheit ist es eine Horrorvision. Und wie in jedem guten Gruselschocker braucht man eine Weile, um das ganze Ausmaß des Grauens zu verstehen.

Es fängt harmlos an. Wir sehen eine hübsche junge Frau, die abends von der Arbeit nach Hause kommt. Sie geht in die Küche, holt ein Fertiggericht aus dem Tiefkühler, stellt es routiniert in die Mikrowelle, tippt rasch den Garcode ein. Dann holt sie ihren Laptop aus der Tasche, setzt sich an den Küchentisch und beginnt, drei Bank-überweisungen zu erledigen. Die Sekunden verrinnen. Mehrfach sehen wir die Digitalziffern der Mikrowelle, und automatisch beginnen wir, mit unserer Heldin mitzufiebern: Wird sie es schaffen, ihre Bankgeschäfte rechtzeitig fertig zu haben? Was geht schneller: Eine Mahlzeit aufzuwärmen oder ein bisschen Geld durchs Land zu jagen?

Natürlich nimmt der Werbespot ein glückliches Ende: Noch ehe die Zeit abgelaufen ist, klappt die Frau ihren Rechner wieder zu, holt die Mahlzeit heraus und ruft – ganz entspannt – ihrer Familie zu: «Essen ist fertig!»

Was die Werbeleute uns damit sagen wollen, ist klar: Bankgeschäfte lassen sich von zu Hause aus erledigen, buchstäblich im Handumdrehen, ohne viel Aufwand, ohne Stress. Und weil es so schnell geht, bleibt viel Zeit für anderes, für die Liebsten vor allem, für die Familie.

Und dann denkt man noch mal über den Fernsehspot nach und merkt allmählich, welchen Albtraum man da gerade gesehen hat: Multitasking nach Feierabend, Sekundennahrung statt Soulfood, kein Moment des Durchatmens. Der Spot feiert keine Familienidylle, sondern die weitere Beschleunigung, er inszeniert das Versprechen, dass jeder gestresste Arbeitnehmer noch mehr Aktivität in seine knappe Zeit quetschen könne. Das Furchtbarste daran ist allerdings, dass dieser Werbefilm keine Fiktion zeigt, sondern die Realität: Das Leben zwischen Arbeit, Mikrowelle und Online-Banking – das sind wir.

Kann ja sein, dass wir einfach nur schlecht organisiert sind, dass wir zu viel Zeit zwischen unseren Terminen vertrödeln. Dass wir schlicht zu langsam, zu lahmarschig, zu larmoyant für den Wettbewerb da draußen sind, der nun mal mörderisch ist, knochenzermahlend, unbarmherzig. Also kämpfen wir gegen den Zeitmangel an und packen immer mehr hinein in unseren Tag. Wir suchen Lücken im Kalender, wo keine mehr sind. Wir quetschen in jeden Moment so viel Aktivität wie eben möglich, machen «Multitasking» zum Dauerzustand. Und nach dem «Multitasking» kommt dann – auch dieses Wort gibt es inzwischen – das «Hypertasking».

Von dem amerikanischen Ingenieur Frederick Winslow Taylor, der von 1856 bis 1915 lebte, stammt die Vorstellung, durch die exakte Planung und Steuerung jedes einzelnen Arbeitsschrittes lasse sich die industrielle Produktivität drastisch steigern. Genau das tun wir: Wir taylorisieren unser Leben, auch das private. Wir versuchen verzweifelt, unsere Produktivität zu steigern, wir planen exakt jeden unserer Schritte, wollen alles in immer kürzerer Zeit erledigen, immer mehr in jede Stunde, in jeden

Tag pressen. Wir werden, um einen Begriff des Zeitforschers Karl-Heinz Geißler zu nutzen, zu «Simultanten». Menschen, die, um Zeit zu gewinnen, nicht mehr eins nach dem anderen erledigen, sondern möglichst vieles zugleich, simultan eben: Wir bügeln beim Fernsehen und reden gleichzeitig mit unserer Tochter über die Klassenarbeit in Mathe.

Neben unseren Betten stapeln sich Handbücher über die perfekte Work-Life-Balance. Aber wir haben gar nicht die Ruhe, sie wirklich zu lesen. Wir überfliegen sie nur, scannen sie, suchen nach Stichpunkten, an denen wir uns festhalten können. Wir haben uns sogar ein Buch über «Zeitwohlstand» gekauft. Die Verfasser haben sich wirklich Mühe gegeben, ihr Werk ganz innovativ zu gestalten – mit Tipps fürs schnelle Lesen, einer Anleitung fürs langsame Lesen und vielen Piktogrammen, die uns durch die Seiten führen sollen. Doch wir haben keinen Nerv für Piktogramme und Anleitungen, wir suchen die verdammte Quintessenz – wo steht die denn bloß, wo?

Nur: So sehr wir uns auch anstrengen, wir erleben jeden Tag, dass man nicht alles mit allem verbinden kann. Dass zum Wesen mancher Beschäftigung eben auch ihre Unteilbarkeit gehört. In einem schönen, melancholischen Essay in der *Literarischen Welt* hat die Schriftstellerin Julia Franck vor einer Weile notiert, dass Schreiben und Kinder im Grunde unvereinbar seien: «Wenn ich schreibe, kann ich nicht mit meinen Kindern sein, und wenn ich mit meinen Kindern bin, kann ich nicht schreiben. Dieser Zwiespalt erzeugt eine enorm hohe Spannung, weil ich in beidem voller Hingabe lebe, beides ist Hingabe und Liebe.» Und sie resümiert: «Man erlebt das Leben als ständiges Scheitern.»

Wir sind keine Schriftsteller, nur Journalisten. Aber diese Spannung, die kennen wir auch. Und das Gefühl des Scheiterns. Alle kennen das, Väter wie Mütter. Das Gefühl, nichts richtig zu machen, gehört zu unserem Alltag wie der Eisberg zur Titanic.

Also fangen wir an, unser Leben wie ein börsennotiertes Unternehmen zu organisieren. Nicht Ausgeglichenheit, Lebensfreude, Glück sind die Ziele, sondern: höchste Effizienz, optimierte Prozesse, maximale Nutzung der Ressourcen.

Erster Schritt: Wir versuchen, die Belastungen zu minimieren. Wir bringen die Hemden in die Reinigung, engagieren eine Putzhilfe, ab und zu einen Babysitter. Outsourcing nennen wir das, Outsourcing von lästiger Arbeit im Haushalt. Schon der Begriff ist verräterisch, klassische Management-Sprache. Management für Familien.

Das muss man sich finanziell überhaupt leisten können. Und das Wichtigste lässt sich ohnehin nicht delegieren: Zuwendung für die Kinder. Sicher, wir können dafür sorgen, dass sich ein Au-pair-Mädchen oder die Babysitterin um unsere Kinder kümmert, sie morgens in die Schule und abends ins Bett bringt. Wir können dafür bezahlen, dass sie ein warmes Mittagessen bekommen, dass man ihnen vorliest und mit ihnen spielt. Aber unsere Liebe können wir nicht an andere delegieren – und das wollen wir auch nicht.

Und Zeit sparen wir durch das ganze Outsourcen auch nicht wirklich. Ironie des Kapitalismus: Während wir uns an ein bisschen Outsourcing versuchen, kommt die Arbeit hinterrücks zu uns zurück. Denn auch die Unternehmen, die Dienstleister, die Banken und Verwaltungen sourcen out. Am liebsten zu uns, den Kunden. Das klassische Beispiel ist das Finanzamt. Früher konnte man dem Finanzbeamten bei der Einkommensteuererklärung einfach den Schuhkarton mit den gesammelten Rechnungen und Belegen rüberschieben, der Mann rechnete dann für uns. Heute klingt das unvorstellbar. Nun muss man ein mehrseitiges Formular ausfüllen und alle Belege selbst sortieren, alle Posten selbst verrechnen.

Wann erledigen wir das? In der Freizeit. Oder in dem, was Freizeit heißt. Und so ist es immer häufiger. Wir lesen den Wasserzähler selber ab, wir drucken unsere Kontoauszüge zu Hause aus. Die Unternehmen sparen Personalkosten, weil wir die Arbeit erledigen, nicht mehr irgendein Angestellter.

Capitalism kills time.

Also beginnen wir, zweiter Schritt, Abstriche zu machen. Wir verkürzen unsere Pausen. Wir schlafen weniger, obwohl das verdammt schwerfällt, so fertig, wie wir immer sind. Aber alle tun das: Die durchschnittliche Schlafdauer hat vom 19. Jahrhundert bis in die 1970er Jahre um zwei Stunden abgenommen und seitdem noch einmal um 30 Minuten. In den Forschungslaboren der US-Armee, schreibt der Essayist Jonathan Crary in seinem Buch «24/7. Schlaflos im Spätkapitalismus», arbeiten Forscher seit langem an «Techniken zur Schlafüberwindung, unter anderem durch Neurotransmitter, Gentherapie oder transkranielle Magnetstimulation». Kurzfristig gehe es dabei um die Entwicklung von Methoden, um Soldaten mindestens sieben Tage lang wach und voll einsatzfähig zu halten. Aber dabei werde es nicht bleiben: «Der schlaflose Soldat könnte der Vorläufer des schlaflosen Arbeiters oder Verbrauchers sein. Anti-Schlaf-Pillen, aggressiv vermarktet von Pharmaunternehmen, könnten zunächst zu einer Lifestyle-Option und schließlich für viele zu einer Notwendigkeit werden.» Und solange es diese Pillen noch nicht gibt, trainieren wir uns das Schlafen selber ab.

Weil das aber immer noch nicht reicht, fangen wir an, dritter Schritt: Überflüssiges aus unserem Leben zu streichen. Oder das, was uns auf den ersten Blick überflüssig erscheint. Ärzte, Therapeuten und Soziologen können ziemlich genau beschreiben, nach welchen Mustern sich die Arbeit immer tiefer ins Leben hineinfrisst. Und was dabei auf der Strecke bleibt: Erst werden die Hobbys aufgegeben, das Rumbasteln an alten Radios, das Malen, das Fahrradfahren. Wir gehen nicht mehr raus, wissen nicht mehr, was gerade im Kino läuft, verpassen all die tollen Konzerte. Dann werden die Freunde vernachlässigt.

Früher waren wir immer stolz darauf, einen besten Freund zu haben oder eine beste Freundin. Jemanden, der uns sehr lange kennt. Für den wir immer da sein wollten. Mehr als zwanzig Jahre kennen wir uns schon, er hat uns zum Paten seiner Tochter gemacht, er weiß fast alles von uns. Besser gesagt: Er wusste alles. Denn wenn wir ehrlich sind, haben wir schon sehr lange nicht mehr in Ruhe miteinander geredet.

Und es ist ja nicht nur der eine beste Freund. Es sind all unsere Freunde, die wir vernachlässigen. Einer unserer Interviewpartner für dieses Buch sagte: «Wenn meine Frau nicht ab und zu Gäste einladen würde, wäre ich längst ein sozialer Autist.»

So wird die Welt immer enger, der Horizont schrumpft, alles dreht sich nur noch um den Kampf gegen die Uhr. Irgendwann entfällt der Sport, erst gelegentlich, dann häufiger, schließlich ganz. Was bleibt, ist ein schlechtes

Gewissen. Und gute Vorsätze: Ich sollte mal wieder laufen gehen. Täte mir gut. Ganze Industriezweige leben von diesen Ambitionen. Dann werden neue Laufschuhe gekauft oder Crosstrainer im Internet bestellt, die nach ein paar Wochen zuverlässig einstauben. Die Kraft reicht nicht, die Selbstdisziplin bröckelt. Es ist so viel anderes zu tun.

Das ist ziemlich exakt das, was man einen Teufelskreis nennt: Um allen Anforderungen gerecht zu werden, verzichten wir auf Entspannung und Erholung, dadurch steigt die Anspannung weiter, die Leistungsfähigkeit sinkt. Und um dagegen anzukommen, arbeiten wir noch mehr, schlafen noch weniger, achten noch weniger auf uns selbst. Was dabei völlig entfällt, ist der Leerlauf. Die erholsame Langeweile. Das Nichtstun. Wir halten es auch gar nicht mehr aus, nichts zu tun. Eine leere Minute ist für uns verlorene Zeit. Leerlauf widerspricht unserem Drang, möglichst jede Minute sinnvoll zu nutzen.

Und so ist auch das ganze Gerede von der Work-Life-Balance vor allem ein großer Blödsinn. Weil Work und Life, die Arbeit und das Leben, längst keine strikt voneinander getrennten Bereiche mehr sind, die wir nur irgendwie ausbalancieren müssten. Die Entgrenzung von Arbeitszeit und Privatleben, die Projektarbeit, der Termindruck, die Folgen der ständigen Erreichbarkeit: Wir spüren sie jeden Tag. Die Arbeit wird auch nicht weniger, im Gegenteil, sie frisst sich noch tiefer ins Leben hinein. Bis sie irgendwann die letzten Bastionen der Ruhe erreicht.

Zuerst arbeiten wir abends weiter, wenn die Kinder im Bett sind, so ab neun, halb zehn. Bis Mitternacht. Dann eine Stunde am Wochenende. Anfangs noch am Esstisch,

107

um nah bei der Familie zu sein. Sehr bald aber doch im Schlafzimmer, da haben wir mehr Ruhe und fühlen uns nicht so ertappt dabei, schon wieder ein Versprechen gebrochen zu haben. Rasch werden es dann zwei Stunden. Oder drei. Bis der ganze Sonntag futsch ist.

Bald fallen auch die Heiligtümer: Ostern. Pfingsten. Die Geburtstage. Der Urlaub. Und wir reden nicht von ein, zwei Anrufen im Büro, kurz bevor man an den Strand geht. Wir reden von dem Freund, der im Urlaub auf einer Nordseeinsel stundenlang durch den Garten seines Ferienhauses irrte, auf der Suche nach der einen Stelle, wo sein Laptop ausreichend Empfang hatte, damit ihm Dokumente aus dem Büro überspielt werden konnten. Wir reden von dem Bekannten, der in Italien genauso viel arbeitete wie in seiner Agentur in Stuttgart, nur in kurzen Hosen, bei strahlendem Sonnenschein. Wir reden davon, dass sich Urlaub häufig nur noch durch die Kulisse von Arbeit unterscheidet.

Und ganz zum Schluss, wenn längst alles zu spät ist, fällt auch noch das letzte Tabu: Weihnachten. Wer an Heiligabend arbeitet oder am ersten Feiertag, der kann sich im Grunde selbst in eine Burnout-Klinik einweisen.

Zwanzig Minuten dauert die Fahrt von Baden-Baden mit dem Auto die Schwarzwaldhochstraße hinauf, dann parkt man vor einem schlossähnlichen Gebäude. Bei gutem Wetter kann man von hier oben bis hinüber nach Frankreich sehen, in die Vogesen. Es ist das Ambiente eines 5-Sterne-Hotels, doch wer hierherkommt, macht keinen Urlaub und hat auch keine Lust, die Aussicht zu genießen. Wer auf die Bühlerhöhe kommt, hat zu gar nichts mehr Lust. In der Max-Grundig-Klinik landet man, wenn man mit den Nerven am Ende ist.

Thorsten Kienast war bis zum Sommer 2014 der ärztliche Direktor dieser Klinik, er hat auch Befragungen unter Führungskräften gemacht, wollte von ihnen zum Beispiel wissen, welche Eigenschaften man heute mitbringen muss, um beruflich erfolgreich zu sein. Am häufigsten wurden genannt: «Aushalten» und «Durchhalten». Wer auf die Bühlerhöhe kommt, hat viel aushalten müssen, hält aber keine Minute länger mehr durch.

Die meisten Neuankömmlinge leiden unter Schlafstörungen. Manche saßen immer wieder in ihrem Büro und haben stundenlang einer Fliege zugeschaut. Andere fuhren mit dem Auto durch die Gegend, ziellos, einfach so. «Ich hatte einen Patienten, der hat am Wochenende Amphetamine genommen, um ein guter Vater zu sein und spritzig genug für seine Kinder», erzählt Kienast.

In seinem Buch «Die erschöpfte Gesellschaft» schreibt der französische Soziologe Alain Ehrenberg: «Die Depression ist eine Krankheit der Verantwortlichkeit, in der ein Gefühl der Minderwertigkeit vorherrscht. Der Depressive ist nicht voll auf der Höhe, er ist erschöpft von der Anstrengung, er selbst werden zu müssen.» Das ist längst ein Massenphänomen, das nicht nur Führungskräfte betrifft. Es geht quer durch alle Schichten. Der Ausgleich zwischen Arbeit und Privatleben gelingt Menschen immer schlechter. Laut einer Studie der Organisation für wirtschaftliche Zusammenarbeit und Entwicklung (OECD) schaffen es immer weniger Berufstätige, nach Feierabend abzuschalten oder sich noch zu Freizeitaktivitäten aufzuraffen. Viele der Befragten erklärten, Familie und Freunde litten unter ihrer hohen Arbeitsbelastung.

Zu ähnlichen Ergebnissen kam im Sommer 2014 eine

Untersuchung der «Initiative Gesundheit und Arbeit», die von den deutschen Kranken- und Unfallversicherungen getragen wird. Danach leisteten zwei Drittel der Erwerbstätigen regelmäßig Überstunden, jeder Fünfte fühlt sich von seinem Arbeitgeber unter Druck gesetzt, immer mehr schaffen zu müssen. 22 Prozent der Befragten gaben an, dass sie auch in ihrer Freizeit ständig für den Arbeitgeber ansprechbar sein müssten. Und fast jeder Vierte erklärte, er verzichte häufig auf Aktivitäten mit Freunden und Familie, weil er sonst keine Möglichkeit habe, sich auszuruhen.

Als Folge dieser Anspannung nimmt die Zahl der Stresserkrankungen in Deutschland zu. Deren Kosten schätzen Wissenschaftler mittlerweile auf mehr als 43 Milliarden Euro jährlich. Psychische Störungen führen zu 59 Millionen Krankheitstagen im Jahr. Diese Überlastung trifft Männer wie Frauen. Früher zum Beispiel hatten die Patientinnen in den Kliniken des Müttergenesungswerks vor allem Probleme mit den Atemwegen, mit Muskeln, Gelenken oder Knochen – alles Folgen körperlicher Anstrengung. Heute hingegen leiden 86 Prozent aller Patientinnen unter Erschöpfung. Vor zehn Jahren waren es nur 49 Prozent. 75 000 Menschen sind allein im Jahr 2013 in Deutschland wegen psychischer Erkrankungen in Frührente gegangen. Die Zahl der Burnout-Diagnosen steigt. Burnout, das ist diese innere Leere, diese Freud- und Lustlosigkeit, die fehlende Kraft, der gestörte Schlaf und die Angst, im Alltag nicht zu bestehen. Es ist ein Erschöpfungssyndrom mit depressivem Beiklang.

Ein bis zwei Wochen bleiben die Patienten in der Klinik auf der Bühlerhöhe. «Aufräumen im Kopf», nennen die Ärzte die Behandlung. «Denn eigentlich sind das kör-

perlich gesunde Männer, denen nur die Fäden ihrer Le-
bensbereiche aus der Hand geglitten sind», sagt Thorsten
Kienast. Manchmal lässt man die Patienten einfach nur
schlafen, vier, fünf Tage, in einem schönen Zimmer, in
einem weichen Bett. Entspannen. Zur Ruhe finden. Und
wieder lernen, mit sich selbst zurechtzukommen. Darum
geht es hier.

Es sind fast nur Männer, die in die Klinik kommen.
Männer, die im Job unterzugehen drohen, sich aber bis
zuletzt vormachen, sie hätten noch alles im Griff. Väter,
die gern glauben wollen, von ihren Kindern viel zu wissen, aber ständig deren Geburtstag vergessen. Viele von
Kienasts Patienten haben lange gedacht, ihre Familie
werde den ganzen Stress schon mittragen, werde immer
mehr zurückstecken angesichts des Arbeitspensums
des Mannes. Aber irgendwann trugen Frau und Kinder
das Ganze nicht mehr mit. Irgendwann saßen die Partnerinnen zu Hause auf gepackten Koffern. Und dann ist
da noch der Kredit für das Haus, der abbezahlt werden
muss, und zugleich brennt es in der Firma an allen Ecken
und Enden. Das sind so die Konstellationen.

Diese Männer müssen sich erst wieder daran gewöh-
nen, nicht mehr mehrere Dinge gleichzeitig zu machen.
Sie müssen neu lernen, sich zu konzentrieren. Thorsten
Kienast hat das therapeutische Behandlungskonzept der
Max-Grundig-Klinik entwickelt; inzwischen behandelt
er Patienten in seinen eigenen Räumen in Hamburg.
Manchmal, erzählt er, bittet er sie, einfach nur einen Apfel mit allen Sinnen wahrzunehmen. Minutenlang. Sie
sollen tasten, riechen, hören und schmecken. Die meisten seiner Patienten halten das nicht aus, sie drehen regelrecht durch.

111

Aber irgendwann fangen sie an zu erzählen. Wie sie früher am Wochenende mit ihren besten Freunden Fußball spielten und dass diese Freunde sich schon lange nicht mehr gemeldet haben. Wie sie sich vornahmen, Zeit für die Frau und die Kinder zu haben. Und sich dennoch immer mehr von ihrer Familie entfremdeten. Doch dafür gab es ja die Kollegen im Büro, mit denen sie am Montagmorgen wetteifern konnten, wer am Wochenende wieder das meiste gearbeitet hatte. Wie sie in der Firma gemeinsam mit den anderen über den seltsamen Kollegen in der Abteilung nebenan spotteten, dem man am Wochenende keine Mails zu schicken brauchte, weil er sie sowieso nicht beantwortete. Und wie sie dann selbst anfingen, diese speziellen Mailprogramme zu benutzen, mit denen sie die Sendezeit ihrer Nachrichten so programmieren konnten, dass der Empfänger glauben musste, sie hätten sie noch spät in der Nacht abgeschickt.

Für viele von uns ist es eben immer noch auch ein Statussymbol, gehetzt zu sein, wahnsinnig viel in extrem knapper Zeit zu schaffen. Wer viel Zeit hat, gilt als Versager, als Faulenzer, als Abgehängter. «Irgendwann fangen die meisten an, ihren Schmerz umzudeuten, und sich Heldengeschichten zu erzählen, damit sie nicht so viel Verlust empfinden», sagt Kienast.

Der Mediziner arbeitet daran, dass seine Patienten sich diesem Verlust stellen. Dass sie wieder beginnen, zu spüren, was sie aufgegeben, verloren, verleugnet haben. Manchmal gelingt es ihm. Und spätestens das ist der Moment, an dem die Patienten anfangen zu weinen.

Eigentlich ist so eine Therapie eine Art Lebensschule. Man trainiert, wieder unterscheiden zu können – ob man wirklich im Stress ist oder ob man sich viel von dem Stress nur selber gemacht hat. Kienasts Patienten lernen, Prioritäten nicht nur zu empfinden, sondern sie auch wieder zu setzen. Und sie erfahren, dass gar nichts Schlimmes passiert, wenn sie einmal nicht erreichbar sind. Sie üben, sich den eigenen Ängsten zu stellen und mit ihnen klarzukommen.

Auch Zufriedenheit müssen diese Männer wieder lernen. Und dass man irgendwann im Leben auch angekommen ist. Wer ist denn schon zufrieden, wenn man zwar ein Haus gebaut und eine Familie gegründet hat, aber der Nachbar das größere Haus hat und seine Familie sich noch mehr leisten kann? Wer akzeptiert es denn, wenn im Job auf einmal Kollegen an einem vorbeiziehen, die weniger in der Birne haben als man selbst? Zufrieden zu sein und nicht mehr um jeden Preis weiterkommen zu wollen bedeutet eben auch, dass man den Stillstand akzeptieren muss. Und Stillstand ist im Kapitalismus nicht vorgesehen. Sich zurückzulehnen kann schwerfallen, wenn um einem herum der Wettkampf tobt.

Im Grunde müssen wir wieder lernen, was viele von uns vergessen haben: dass sich die Arbeit nach den Bedürfnissen des Lebens ausrichten sollte – und nicht das Leben nach den Bedürfnissen der Arbeit.

Michael (44):
«Das Jugendamt hat mir nichts zugetraut»

Wie lebst du?

Ich bin ein in Teilzeit alleinerziehender Vater.

Was heißt das?

Meine Tochter ist im Zwei-Wochen-Rhythmus immer vier Tage bei mir. Mein Sohn ist immer sieben Tage bei mir und sieben Tage bei meiner früheren Frau.

Wieso werden die Kinder denn unterschiedlich behandelt?

Das war eine Idee des Kinderpsychologen. Er hat damals bei der Scheidung dazu geraten, weil die Bindung meiner Tochter an meine frühere Frau so groß sei. Mein Sohn hat vor zwei Richtern und vor dem Psychologen in Anwesenheit der Mutter gesagt, dass er genauso viel Zeit mit mir verbringen wolle wie mit seiner Mutter. Ich fand das schlimm. Was ist das für ein System, das einen Fünfjährigen dazu nötigt, so eine Aussage zu machen?

Wie hast du die Trennung von deiner Frau erlebt?

Die hat mich kalt erwischt. Ich bin immer davon ausgegangen, dass wir eine gute Ehe führen. Wir galten als Traumpaar: beide beruflich erfolgreich, zwei Kinder, als Paar miteinander harmonierend. So bekamen wir es von allen gespiegelt. Und dann hat sie mich auf einmal wegen eines anderen verlassen. Das hat mich als Mann verunsichert, aber auch als Vater. Als meine Tochter sieben Monate alt gewesen war, hatte ich Vätermonate genommen und mich sieben Monate um

115

sie gekümmert. Das hat man mir zugetraut. Nun aber wurde auf einmal eine ganze Maschinerie gegen mich in Gang gesetzt, nur weil ich mich ebenso um meine Kinder kümmern wollte wie meine Frau. Was in unserer Ehe gegolten hatte – dass wir beide uns um die Kinder kümmern –, wollte man mir jetzt verbieten. Einmal fragte mich eine Frau vom Jugendamt, warum ich mich denn so verkämpfen würde, ob ich nicht das Wohl der Kinder im Blick hätte? Schließlich wäre meine Frau ja bereit, sich um die Kinder zu kümmern. Das fand ich bodenlos.

Wie erklärst du dir das?

Das war falsch verstandener Paternalismus. Nach dem Motto: Das mit den Kindern ist viel Arbeit, und wir trauen Ihnen das nicht zu, also lassen Sie es doch besser in kompetenteren Händen – denen der Mutter. Das war eine Botschaft, die sich durchgezogen hat. Meine Vaterrolle wurde ständig in Frage gestellt: vom Jugendamt, vom Psychologen, vom Gericht. Da fehlte mir vielleicht auch das Selbstbewusstsein, um zu sagen, redet ihr nur, ich bin mir schon sicher, dass ich mit meinen Kindern gut umgehe. Ich hatte ja keine Partnerin, die ich um Rat hätte fragen können. Und ich kannte auch keine anderen alleinerziehenden Väter.

Wie alt sind deine Kinder jetzt?

Mein Sohn ist achteinhalb, meine Tochter ist gerade sechs geworden.

Wie haben sie das Ganze verkraftet?

Es ist für beide schwierig. Wenn ich meine Tochter zehn Tage nicht sehe, versuchen wir natürlich, das zu kompensieren, und verbringen viel Zeit miteinander, hängen viel zusammen rum. Mein Sohn fühlt sich dann schon mal ausgegrenzt. Es gibt einfach eine deutliche Unwucht im Verhältnis zwischen den Kindern. Das ist nicht gut. Und ich frage mich, wie ein Kinderpsychologe auf so eine Idee kommen konnte. Das hat mein Vertrauen in die Kompetenz dieser Leute restlos zerstört.

Wie ist es weitergegangen?

Die seltsame Regelung mit meiner Tochter läuft in wenigen Monaten aus. Und meine frühere Frau hat mir zugesichert, dass sie nichts dagegen haben wird, wenn dann beide Kinder jeweils eine Woche bei mir sein werden. Seitdem ich das weiß, geht es mir besser. Denn eigentlich hatten sie mich doch schon weichgekocht.

Bist du glücklich?

Im Moment ja, sehr. Ich merke auch, dass meine Kinder viel entspannter sind. Ich habe Respekt davor, dass ich mich bald um beide kümmern kann, das wird auch mein Leben noch einmal verändern. Aber ich freue mich sehr darauf.

KAPITEL 7
SCHWEIGEN

In ihrem Roman «Aller Liebe Anfang» erzählt die Schriftstellerin Judith Hermann vom Alltag einer berufstätigen
Mutter. Von der häufigen Abwesenheit des Vaters, von
der leeren Routine müder Vormittage, von der Fragilität
aller Beziehungen. Und von der Sehnsucht der Mutter,
manchmal für sich zu sein, ganz für sich allein, ohne Kolleginnen, ohne Mann, ohne Kind.

Judith Hermann nennt das tatsächlich so: eine Sucht.
Ihre Hauptfigur, Stella, «ist süchtig nach dem Alleinsein».
Jedes Mal, wenn sie morgens die Kleine zum Kindergarten gebracht hat und nach Hause zurückkehrt, in ihr
stilles Haus in der Vorstadt, dann empfindet sie «eine so
deutliche Dankbarkeit» für die Ruhe, für die Abwesenheit
aller Menschen um sie herum, dass es fast schmerzt.

Diese Sehnsucht nach dem Alleinsein mag bei man-
chen Müttern stärker ausgeprägt sein als bei anderen.
Der Punkt aber ist: Vätern geht das natürlich genauso.
Auch Väter haben mitunter und gar nicht so selten ein
überwältigendes Bedürfnis nach Stille. Nach ein paar
Minuten ohne Ansprache. Nach ein paar Momenten des
Rückzugs.

Wir müssen den ganzen Tag rumrennen, funktionieren, kommunizieren. Nie gibt es eine Gelegenheit zum
Atemholen, ständig müssen wir ansprechbar sein, wir
müssen präsentieren, reagieren, Ernsthaftigkeit beweisen. Verständnis zeigen. Geduld üben. Zuhören. Und

immerzu reden: werben, schmeicheln, mahnen, motzen, anspornen, abwiegeln, zusammenfassen.

Wenn wir dann nach Hause kommen, sind wir manchmal wie leergesprochen. Haben keine Worte mehr. Keine Geduld. Keine Gelassenheit. Das, was wir uns dann manchmal am meisten wünschen, ist ein Augenblick Schweigen. Mal nichts sagen müssen. Einfach nur in Ruhe die Wand anstarren und runterfahren.

Aber wann tun wir das schon mal? Wann sagen wir abends: «Schatz, ich brauche jetzt erst mal eine halbe Stunde allein, nur für mich»? Und welche berufstätige Mutter würde dann nicht kontern: «Ach so? Und ich? Meinst du, ich habe die letzten zwölf Stunden im Garten gelegen und mir die Nägel gefeilt? Ich hätte auch gerne ein paar Minuten für mich, ich dachte, du kümmerst dich jetzt mal um die Kinder.»

Und insgeheim wissen wir, dass sie natürlich recht hat, dass sie genauso überlastet und durchgeknetet und ruhebedürftig ist wie wir. An besseren Tagen holen wir dann einmal tief Luft, spielen ein bisschen mit den Kindern, rühren die Salatsoße, fragen, was so passiert ist. An schlechteren Tagen, also spätestens ab Donnerstag, stromern wir wortkarg durch die Wohnung, räumen stumm und düster Sachen von hier nach dort, verschanzen uns hinter unseren elektronischen Geräten. Und sagen nichts. Denn das Dröhnen in unserem Kopf ist ja nicht weg. Die Gedanken fahren weiter Karussell. Wir sitzen irgendwann zwar mit am Esstisch, aber eigentlich haben wir das Büro noch gar nicht verlassen. Und schon stecken wir in der Schweigespirale.

Und wenn unsere Liebste dann plötzlich innehält, rüberschaut und fragt:

«Was habe ich gerade gesagt?»

Dann wissen wir, sie hat uns erwischt: Wir haben keine Ahnung, wovon die Rede war. Ihre Worte waren nur ein angenehmes, vertraut klingendes Hintergrundrauschen, und ohne dass wir es wollten, sind wir abgedriftet in ein Paralleluniversum, immer weiter weg vom Esstisch, bis wir doch wieder bei den Terminen waren, die uns Sorgen machen, bei den Verhandlungen mit einem Lieferanten, der Deadline für diese Präsentation.

«Sorry», sagen wir dann schuldbewusst, «ich war gerade ganz woanders mit meinen Gedanken», und es tut uns wirklich leid, meistens.

Und wenn sie klug ist und geduldig und einfühlsam, sehr einfühlsam, dann macht sie einen Scherz, knufft uns auf den Oberschenkel, gibt uns einen Kuss und sagt mit einer beruhigenden Spur Wärme in der Stimme:

«Hör mir gefälligst zu!»

Und dann wissen wir, dass wir ziemliches Glück haben, in diesem Moment und mit dieser Frau. Aber wir wissen auch oder ahnen es zumindest, dass ihre Geduld irgendwann aufgebraucht sein wird. Dass diese Wärme aus ihrer Stimme verschwinden könnte. Sie will nicht jeden Abend neben einem Schweiger sitzen. Dann hätte sie ja auch die Tapete heiraten können. Sie will reden, sie will Aufmerksamkeit und Anerkennung. Genau wie wir in Wahrheit ja auch. Und sie wird nicht ewig darauf warten, dass wir mal so richtig entspannt sind.

Das Schlimme am Stress ist nicht nur die Hetzerei, der Druck, die ewige Überlastung. Mindestens ebenso hässlich ist, was der Stress mit uns macht. Er macht uns ruppig und dick. Blass und müde. Kurzatmig und gereizt. Und, das vor allem: Er macht uns stumm.

121

Wir wissen schon, wir sollten daheim mehr reden, mehr zuhören, aufmerksamer sein. Aber, so banal das klingt und so traurig es ist: Häufig fehlt dafür die Kraft. Und die Zeit. Es gibt sie einfach kaum mehr, die Momente der Zweisamkeit und der Gelassenheit. Wann denn soll man sich gegenseitig erzählen, was einen beschäftigt? Wann soll man zuhören, Rat geben, sich gegenseitig stützen? Wann lässt man sich wirklich noch aufeinander ein – ohne Ablenkung von außen? Ohne bloß höflich zu fragen, ohne routinierte Floskeln? Ohne dass im eigenen Kopf ein Sturm von Gedanken tobt und das schlechte Gewissen und die Ausreden herumwirbeln, die man sich selbst zurechtlegt, weil man wieder nicht geschafft hat, was man unbedingt schaffen wollte?

Wann kommt man noch dazu, sich an gemeinsam Erlebtes zu erinnern? An den Urlaub damals in Frankreich, ehe die Kinder kamen? An das Wochenende in München, um Geburtstag zu feiern? An das erste Weihnachten mit der Kleinen?

Und wann kommt man dazu, neue Erinnerungen zu schaffen, an denen man sich demnächst festhalten kann, wenn mal wieder das Chaos tobt?

Wo ist noch Raum für die Sehnsucht?

Capitalism kills love.

Wenn wir reden, dann meistens über Termine, ziemlich geschäftsmäßig, wie Eventmanager, den Kalender dauernd griffbereit. Die Positionen werden abgehakt: Wer kümmert sich worum? Wer holt die Kinder ab? Wer geht einkaufen? Wer macht die Wäsche? Aus Liebespaaren werden Partner in der Logistikbranche.

Manchmal reden wir auch über die Schulnoten der Kinder. Warum unser Sohn keine Lust mehr hat, zum

Training zu gehen. Über den nächsten Besuch bei den Verwandten oder bei den Schwiegereltern, aber das eskaliert schnell. Vielleicht reden wir auch mal über die Sommerferien: «Wo wollen wir denn hinfahren, wann kannst du Urlaub bekommen?», solche Sachen.

Gelegentlich müssen wir auch einfach erzählen, was im Büro alles schiefgelaufen ist, oder was für Helden wir wieder waren, aber das ist Sprechtherapie, kein Gespräch, eher eine Übersprunghandlung: verbales Abspulen, um endlich zu entspannen. Warum fängst du denn jetzt schon wieder mit der Kanzlei an?, frage ihn seine Frau manchmal, wenn er kurz vor dem Einschlafen noch von einem brisanten Fall erzähle, berichtete uns einer unserer Interviewpartner, ein Anwalt. Die Antwort ist einfach: weil es ihn eben beschäftigte, weil es rausmusste.

Aber dieses funktionale Sprechen hat einen Preis. Immer nur über rationale Themen reden, über Stress und Termine, das nervt. Das kann man bald nicht mehr hören. Es führt in die Enttäuschung oder in die Abstumpfung. Irgendwann ist man nicht mehr nur müde, man wird auch des anderen müde, der immer nur klagt und meckert und abspult.

Wir merken es daran, wie sich die Tonlage verändert. Wie wir professioneller reagieren, kalkulierter, weniger einfühlsam. Wie wir manchmal auch an unseren eigenen Vorteil denken, nicht nur an den gemeinsamen – und uns dafür insgeheim hassen. Man beginnt, im Kopf Strichlisten zu führen, Konten anzulegen. Wann bin ich dir entgegengekommen? Wann du mir? Wann bin ich das letzte Mal eingesprungen für dich, wann du für mich? Wie gut war dein Grund, das auf mich abzuschieben? Und hast du eigentlich jemals danke gesagt für das Opfer, das ich gebracht habe?

Diese Konten werden naturgemäß subjektiv geführt, nicht mit der Präzision Schweizer Schwarzgelddepots. Der eigene Einsatz gerät immer ein bisschen größer, der des Partners oder der Partnerin schnurrt zusammen. Ohne böse Absichten, das passiert einfach so. Und so werden aus Turteltäubchen irgendwann Tarifparteien. Zwei Menschen, die einmal als Liebespaar begonnen haben, werden zu Verhandlungspartnern, verhaken sich in Verteilungskämpfen. Aber wir wollen Liebe, keine Tarifverhandlungen. Wir wollen Wärme, Zuneigung, Bestätigung, keine Kosten-Nutzen-Analysen.

Wenn man Paartherapeuten und Psychologen fragt, worauf es ankommt in einer Beziehung, dann sagen sie: Anerkennung.

Anerkennung! Anerkennung! Anerkennung!

Das ist die Glücksformel, wissen die Experten. Auf eine Kritik sollte dreimal Lob kommen, dann geht es gut in einer Beziehung. Oder jedenfalls steigen die Chancen, dass es gutgeht. Und einigermaßen sicher geht es schief, wenn das Verhältnis andersherum ist.

Jeder Mensch braucht Anerkennung, da sind wir alle kleine Narzissten. Wir brauchen unseren Partner als gnädig weichzeichnenden Spiegel und als Mentaltrainer. Als jemanden, der unsere Stärken betont und unsere Schwächen eher kleinredet, sie jedenfalls immer mal wieder wohlwollend erträgt.

Anfangs ist das ja auch selbstverständlich, man ist verliebt, bewundert den anderen, findet alles wunderbar, was er macht, will jedes Detail wissen. Nur leider bleibt es fast nie so. Das Ungewohnte, Neue, Aufregende wird irgendwann selbstverständlich. Die Aufmerksamkeit lässt nach, die Routine wächst – und natürlich geht das Partnern ohne Kinder genauso wie Paaren mit Kindern. Man wird weniger neugierig. Lobt seltener, krittelt häufiger. Vergisst die Komplimente, die früher so viel Spaß gemacht haben, beiden.

So entfremden sich die Partner schleichend. Sehen sich seltener. Reden weniger. Und wer sich nur ein wenig selbst beobachtet, der registriert das natürlich, auch wenn man es nicht wahrhaben will. Wer noch nicht ganz stumpf ist, der merkt, dass die kleinen Gesten verschwinden, die beiläufigen Zärtlichkeiten, die elektrischen Blicke.

Stattdessen gibt es häufiger Streit, wegen irgendwelcher beschissenen Kleinigkeiten. Es fallen Worte, schärfer als nötig. Worte, die verletzen. Die wütend machen. Und die Wut produziert neue Wut. Manchmal geht es um die Kinderbetreuung oder um die Hausarbeit und manchmal um etwas ganz anderes. Um Kämpfe in der Beziehung. Um Stolz. Um Verletzungen. Um tausend Dinge, die nie ausgesprochen wurden.

Oder es geht um den Mangel an wechselseitiger Wertschätzung. Und weil man eben Bestätigung braucht, sucht man sich die irgendwann anderswo. Im Job vor allem. Denn da gibt es viel zu holen, gerade für Männer, durch kleine Erfolge hier und große Erfolge da. Manchmal ist das fast so etwas wie eine Flucht. Dann scheint es leichter, noch mehr zu arbeiten, noch weniger zu Hause zu sein, als sich einzugestehen, dass daheim etwas schiefläuft. Man weicht den Problemen aus, sucht die Ängste zu ignorieren, die Nöte, die Bedürfnisse, auch die eigenen. Man lenkt sich ab durch noch mehr Arbeit,

125

noch mehr Stress. Oder man holt sich die entbehrte Anerkennung in einer Affäre.

Es ist wie eine Abwärtsspirale. Ein sich selbst verstärkender Prozess. Jedes Wort, das nicht ausgesprochen wird, macht das Schweigen drückender, den Bereich des Unsagbaren größer. Immer mehr wird verleugnet, bleibt unerwähnt, wird tabuisiert.

Man schläft bedrückt oder genervt oder zornig ein, wacht nachts auf, und sofort ist der Kopf an, tausend schwere Gedanken rollen darin herum. Der Ärger im Büro. Die Zankereien mit ihr. Man kann nicht mehr einschlafen, weiß, dass man den Schlaf eigentlich dringend bräuchte, weiß, dass die Müdigkeit den Tag noch schlimmer machen wird.

Denn wer unausgeschlafen ist, hat sich weniger unter Kontrolle, erträgt weniger den Stress, ist leichter gereizt. Im Job genauso wie zu Hause. Nicht umsonst ist systematischer Schlafentzug eine klassische Form der Folter. Wer ständig übermüdet ist, fängt leichter Streit an, fällt öfter aus der Rolle, kann sich nicht mehr beherrschen. Jeder, der schon mal in einer Partnerschaft gelebt hat, kennt diesen Moment, wenn man mit geballten Fäusten dasitzt, das Blut pocht im Hals, der Schädel will zerspringen, und man sagt zu sich selbst: Ich halte das nicht mehr aus. Ich will weg, nur weg. Egal wohin.

Die Gründung einer Familie ist vielleicht das größte Abenteuer, das wir erleben können. Aber merkwürdigerweise gehen wir ganz untrainiert in dieses Abenteuer, das doch ein ganzes Leben dauern soll. Wir machen keine Ausbildung vorher, belegen keine Kurse, sondern lesen allenfalls mal ein Buch, das uns aber dennoch unvorbereitet lässt, eben weil es kein Erfahrungswissen mehr gibt, das auf unsere Situation passt. Familie, stellt man sich wohl vor, das kann jeder, das muss irgendwie von selbst laufen. Familie ist ja etwas Selbstverständliches.

Die Karriere, die wird geplant, da wird gecoacht und gefördert, da gibt es Whiteboard-Charts und Strategie-Sitzungen, Fortbildungen und Berater. Wer aber macht schon ein Familien-Coaching, bevor es fast zu spät ist?

Und wir reden auch nur selten ganz offen über unsere Familie, mit den Kollegen, mit den Freunden, mit den eigenen Eltern. Das hat natürlich damit zu tun, dass jede Beziehung, jede Familie etwas sehr Persönliches, Einzigartiges, Intimes ist. Etwas, das sehr viel mit den Partnern zu tun hat. Wenn man da ehrlich sein will, kommt man nicht darum herum, irgendwann auch über Gefühle zu sprechen, über Ängste und Sorgen, sogar über all das, was man mit viel Energie wegzudrängen versucht aus dem eigenen Bewusstsein, die bitteren Erfahrungen, die Verletzungen, den Schmerz, die eigenen Lebenslügen.

Aber es gibt auch noch einen anderen Grund, warum es nicht leicht ist, über diese Dinge zu sprechen. Dieser Grund ist noch ein wenig komplizierter. Kurz gesagt, haben wir wahrscheinlich auch deshalb instinktive Hemmungen, uns mit anderen Menschen detaillierter über so unendlich schwierige Dinge wie Lieben und Leben zu unterhalten, weil wir uns dann notwendig vergleichen müssen.

Denn wie man lebt: in einer Ehe, in einer Partnerschaft oder allein; mit Kindern oder ohne; wann man am besten Kinder bekommt, ob es überhaupt einen guten Zeitpunkt dafür gibt; und wie man die Liebe und die Familie mit der Arbeit synchronisiert – über all das zu reden, das ist niemals abstrakt. Jeder hat damit Erfahrungen, jeder hat dazu eine Meinung. Und allen geht es nahe. Nicht nur uns Müttern und Vätern, sondern auch unseren Eltern und Großeltern, die mit Staunen, Bewunderung, manchmal Sorge beobachten, wie wir leben. Und unseren Freunden, denen mit Kindern ebenso wie denen, die keine Kinder haben. Wann immer wir diese Fragen diskutieren, arbeiten wir auch an unserer eigenen Biographie. Ganz gleich, wie man Position bezieht – unausweichlich geht es dabei um unsere fundamentalen Lebensentscheidungen: Will ich eigentlich so leben, wie ich lebe? Was versäume ich? Um welchen Preis? Habe ich zu lange gewartet mit dem Kinderkriegen? Oder nicht lang genug? Hätte ich mehr Kinder haben wollen? Bin ich ein schlechter Vater? Eine gute Mutter? Eine liebende Frau? Ein einfühlsamer Mann? Oder ein Karrierist? Oder ein bisschen von allem?

Auch deswegen können wir mit unseren Eltern so schlecht über unsere Sorgen sprechen. Denn unsere Lebensmodelle stellen unweigerlich ihre in Frage. Was wir tun, wirft immer die Frage auf: Sollten wir mehr so sein wie ihr? Oder umgekehrt? Und immer droht es so auszusehen, als würdigten wir ihre Leistung nicht. Auch unsere Eltern glauben ja, sie hätten sich besonders angestrengt, und das haben sie auch, nur eben unter ganz anderen Umständen. Es war noch völlig anders bei ihnen, alles begann gerade erst, sich zu verändern, und es war noch nicht so durcheinandergeschüttelt wie heute.

Kannst du darüber mit deinem Vater reden? Nicht so richtig, wenn du ehrlich bist. Natürlich sprecht ihr miteinander. Er ruft dich alle paar Tage an, meist im Büro, wenn gerade wahnsinnig viel los ist. Wenn du dich am Wochenende bei deinen Eltern meldest, geht meist deine

128

Mutter ran, aber bei jedem Telefonat gibt sie den Hörer irgendwann weiter, an ihn. Doch die Gespräche mit deinem Vater sind anders als die mit deiner Mutter – sachlicher, strukturierter, er hakt die Themen ab wie die Agenda eines Meetings. Er fragt, so scheint es manchmal, weil man den Sohn eben nach dem Befinden zu fragen hat, wenn man mit ihm telefoniert. Und deshalb fragt dein Vater natürlich auch: «Wie geht es dir?» Aber es klingt immer so, als ob er die Antwort schon kennen würde. Und du bist nicht sicher, ob du wissen willst, wie er reagieren würde, wenn du einmal, nur ein einziges Mal, antworten würdest: «Papa, mir geht's beschissen, ich schaff das alles nicht.»

Wir mögen auch unsere Freunde nur ungern fragen, wie sie mit dem Stress und den Enttäuschungen und der permanenten Überforderung umgehen, denn meistens will man bei einem gemeinsamen Essen eben nicht wieder nur über Kinder oder den Job sprechen, sondern auch mal über etwas anderes, über Bücher oder Filme oder Sport – und dadurch entsteht leicht die Illusion, dass es bei den anderen doch alles ganz gut klappt und bloß bei einem selbst nicht. Nur ganz selten, wenn es sehr spät geworden ist und die Kinder im Bett sind und schon sehr viel Rotwein getrunken wurde, dann bricht es aus allen heraus.

Dann erzählt die Kollegin, dass sie am Wochenende nur heimlich simst, um Kinder und Partner nicht zu verärgern; ganz so, als habe sie eine Affäre.

Dann erzählt das befreundete Paar, beide Vollzeit, drei Kinder aus zwei Beziehungen, wie ihnen der fast volljährige Sohn ins Gesicht schrie: «So wie ihr will ich nicht leben! Wenn das Karriere ist, dann will ich keine Karriere!»

Dann berichtet ein Freund, offenkundig schockiert und verletzt, sein Sohn habe ihm morgens gesagt, er wolle lieber von der Mutter in die Kita gebracht werden: «Du bist ja sonst auch nie da.»

Dann gibt es Geschichten über Schlafmangel und Migräne und Bandscheibenvorfälle. Und noch Schlimmeres.

Dann erfährt man, dass es keine Familie gibt, die nicht fast permanent am Rande des Wahnsinns operiert.

Natürlich entlastet das – wenigstens für einen Moment. Aber eben auch nur für einen Moment. Denn was nützt es dir, dass die anderen es auch nicht besser hinbekommen? Es verhindert keinen Streit, bricht nicht das Schweigen, lindert nicht die Enttäuschung. Letztlich ist es sogar fast egal, was die anderen machen, ob sie klarkommen oder nicht. Du musst ja mit deiner Beziehung fertigwerden. Du musst mit deiner Frau reden. Warum aber, zum Teufel, ist das so schwer?

Wer darüber mit Paartherapeuten spricht, mit Ärzten und Psychologen, der stößt immer wieder auf ein paar Muster. Wie Paare verstummen, ihre Probleme ignorieren, bis es nicht mehr geht. Nichts davon ist unausweichlich, niemand muss scheitern. Viele schaffen es ja, viele kriegen noch die Kurve, lernen aus Krisen. Aber es gibt eben viele Mechanismen, die im Schweigen enden.

Nennen wir sie:

das Elend der Tarifverhandlungen

der Mangel an Anerkennung

das Leugnen der Krise

und: das Verlöschen des Sex

Denn als wäre das Schweigen nicht schon schlimm genug, fällt häufig irgendwann auch noch der Sex weg. Erst manchmal, dann häufiger, schließlich ganz. Es bleibt einfach keine Zeit mehr, oder die Müdigkeit triumphiert über die Lust. Oder man ist sich schon zu fremd geworden, hat die innere Nähe verloren. Das wird nicht geplant, nicht bewusst entschieden, natürlich nicht. Es passiert einfach, die Dinge rutschen weg, werden vom Alltag weggespült. Geraten nach und nach in Vergessenheit. Immer verbunden mit dem Gefühl, dass da etwas fehlt. Immer verbunden mit einem schlechten Gewissen. Und dem Vorsatz, etwas zu ändern. Wäre doch schön, mal wieder miteinander zu schlafen, denkt man dann.

Ja, vielleicht im Sommer, im Urlaub. Oder: wenn das nächste Projekt fertig ist. Wenn nur noch diese siebenhunderteinundvierzig Mails beantwortet sind. Und dann wird doch nichts daraus. Die Kraft reicht nicht, es fehlen die Gelegenheiten, oder man hat wieder mal gestritten. Und insgeheim wissen wir natürlich auch, dass sich das Liebesleben nicht so einfach wieder anknipsen lässt wie ein Fernseher, der eine Weile auf Stand-by war.

Vielleicht wäre es da schon ganz gut zu wissen, dass man damit nicht allein ist. Dass es anderen auch so geht. Aber über so etwas reden Männer nicht mit Männern. Und Paare nicht mit Paaren. Es ist ein Tabuthema. Dabei gibt es eine wachsende Zahl von Studien, die darauf hindeuten, dass viele Paare, die schon lange zusammen sind, kein nennenswertes Sexleben mehr haben. Woran genau das liegt, ist unklar. Häufig werden die Frauen für den Tod der Leidenschaft verantwortlich gemacht. Mal heißt es, ihre Libido lasse nach, mal, sie kümmerten sich mehr um die Kinder als um die Beziehung. Schon haben Pharmafirmen diese Lust-Lücke ausgemacht und konkurrieren um die erste Viagra-ähnliche Pille für Frauen.

Andere Forscher behaupten, es liege weder an der Frau noch am Mann, sondern an der Gleichberechtigung, wenn der Sex verkümmere. So stand es jedenfalls kürzlich in der «American Sociological Review». Danach haben Sexualwissenschaftler 4500 Paare zu ihren Gewohnheiten im Bett befragt. Eher traditionell orientierte Paare, also die, bei denen sich der Mann hauptsächlich ums Rasenmähen und Autowaschen kümmert und die Frau um den Haushalt, kommen laut dieser Studie auf siebenmal Sex im Monat. Wenn die Männer auch bügeln und staubsaugen, so das Ergebnis der Untersuchung, sinkt die Sexquote um ein Drittel.

Absurd? Das Hirngespinst eines konservativen, sexuell frustrierten Professors? Mag sein. Die Studie ist denn auch heftig kritisiert worden. Andererseits: Wie erotisch ist es, für Männer wie Frauen, Windeln zu wechseln, den Müll runterzubringen, mit letzter Kraft den Abwasch zu machen und in Trainingshose vor dem Fernseher einzuschlafen? Wie stimulierend sind Ärger, Frust, Routine? Und wen machen Augenränder und Kopfschmerzen so richtig heiß? Vielleicht ist es weniger die Gleichberechtigung, die da sedierend wirkt, als vielmehr die gleichberechtigte Überlastung eines Paares. Der Stress.

Der dänische Familientherapeut Jesper Juul schlägt übrigens vor, dass Männer ihren Frauen zur Geburt des Kindes ein zweites Handy schenken sollten. Viele frustrierte Väter wollten nämlich gern mit ihrer großen Liebe in Kontakt bleiben, erreichten aber immer «nur» die Mutter ihres Kindes. Mit einem zweiten Telefon, so Juul, sei klar, auf welcher Ebene man kommunizieren wolle.

Fast 40 Prozent aller Ehen in Deutschland enden heute

mit der Scheidung; kurz nach der Gründung der Bundesrepublik, in den fünfziger Jahren, wurde von acht Ehen nur eine einzige geschieden. Dabei warten die Ehepartner heute etwas länger mit dem Gang zum Scheidungsrichter als noch vor 20 Jahren: Im Durchschnitt scheitert eine Ehe heute nach 14 Jahren und zwei Monaten; 1992 hielt eine Ehe im statistischen Mittel nur elf Jahre und sechs Monate.

Meist sind es übrigens die Frauen, die die Scheidung forcieren. 57 Prozent der Scheidungsanträge werden von Frauen gestellt, nur 36 Prozent von Männern, in sieben Prozent der Fälle gibt es einen gemeinsamen Antrag. Annähernd die Hälfte aller Paare, die sich scheiden lassen, haben Kinder. Dennoch wachsen immer noch rund 70 Prozent aller Kinder in Deutschland in traditionellen Familien auf, in Familien also, in denen sie mit Vater und Mutter zusammenleben. Aber auch diese Zahl nimmt ab.

Vermutlich gibt es so viele verschiedene Gründe für Scheidungen, wie es Ehen gibt. Aber dass die hohe Zahl der Trennungen gar nichts mit den Schwierigkeiten der Vereinbarkeit von Liebe, Beruf und Familie zu tun haben sollte – wer wollte das ernsthaft behaupten?

Im Sport und in den Materialwissenschaften gibt es den Begriff «Ermüdungsbruch». Da zerbricht etwas, weil es zu lange überlastet war. Die Mediziner sprechen auch von einer «Stressfraktur».

Wahrscheinlich könnte man den Begriff auch auf viele Beziehungen anwenden.

Von: Marc Brost
An: katrin.■■■■■■■■■@■■■■■■■■■
Datum: 25. September 2014, 08:06 Uhr
Betreff: Eine Bitte

Liebe Katrin,
habe ich Dir schon erzählt, dass Heinrich und ich
zusammen ein Buch schreiben? Es handelt von der
(Un-)Vereinbarkeit von Familie und Beruf, und es
soll darin auch anonymisierte Kurzinterviews mit
Vätern in den verschiedensten Lebenssituationen
geben. Nun wollte ich Dich fragen, ob Du mir bei
einer Suche helfen kannst. Wir suchen einen Mann,
der gerne Vater werden will, dessen Frau oder
Freundin aber nicht will, weil sie sich überfordert
fühlt. Kennst Du da einen? Oder kennst Du einen,
der einen kennt?
Danke Dir für Deine Hilfe
Marc

Von: katrin.■■■■■■■■■@■■■■■■■■■
An: Marc Brost
Datum: 7. Oktober 2014, 09:26 Uhr
Betreff: Männer

Lieber Marc,
nur ganz kurz ein Zeichen, dass ich Dich nicht
vergessen habe – die Recherche in Sachen «Mann
mit einseitigem Kinderwunsch» war lediglich so
verheerend, dass ich sie eingestellt habe.
Die ersten zwei Freundinnen sagten mir: Sprich ihn
bloß nicht an – keine schlafenden Hunde wecken.

135

Die dritte Freundin eröffnete mir, dass sie schwanger sei.

Die vierte fing an zu heulen.

Meine Nachbarin zuckte zusammen und sagte, gerade sei das kein so gutes Thema, sie habe ihrem Freund nämlich neben den Kinder- auch gerade die Hochzeitspläne gekündigt.

Und mein Mann sagte nur, seine Frau habe da vor einigen Monaten so einen Zeitungsartikel über die Hölle des Elternseins gelesen, seitdem sei nichts mehr zu machen.

Na ja. Wahrscheinlich ist es eh schon zu spät. Ich hoffe, Deine Männersuche war erfolgreicher.

Viele schöne Grüße

Deine Katrin

KAPITEL 8
GEBÄRSTREIK

Erschöpfung, chronische Übermüdung, ständige Über-forderung – im Extremfall bis zum Burnout: Das ist die eine Konsequenz aus der Unvereinbarkeit von Familie, Liebe und Beruf. Wahrscheinlich die am weitesten ver-breitete. Niemand, der Kinder hat, der davon nicht in der einen oder anderen Form zu klagen wüsste.

Sprachlosigkeit, Stress in der Beziehung, Spannungen bis hin zur Trennung – das ist eine andere Folge. Auch sie bleibt wahrscheinlich kaum einem Paar erspart, selbst wenn viele es dennoch schaffen zusammenzubleiben.

Die dritte Konsequenz schließlich ist vielleicht die gravierendste, für die Betroffenen, aber ebenso für die Gesellschaft. Und diese Konsequenz wird ständig gezo-gen, immer wieder, jedes Jahr, jeden Tag, in aller Stille, überall in Deutschland. Sie hinterlässt keine Spuren, nur viele Lücken: Kinder, die nicht gezeugt, nicht geboren, nicht großgezogen werden. Viele Kinder. Weil sich Frau-en, gerade hochqualifizierte, gegen Kinder entscheiden. Mitunter nicht bewusst, häufig (noch) nicht endgültig, aber seit Jahren mit großer Konstanz, all den milliarden-schweren Beihilfen und Kita-Ausbauplänen zum Trotz. Es ist, wenn man es nur ein wenig zuspitzt, ein stiller Gebärstreik.

Im Grunde ist das auch seit langem bekannt. Es wird von den Familienpolitikern allerdings gerne verdrängt. Denn keiner von ihnen möchte in den Verdacht geraten, er wolle dafür sorgen, dass wieder mehr Kinder zur Welt kommen. Frauen, bekommt mehr Kinder!, das klingt in den Ohren vieler allzu sehr nach DDR oder Nazizeit, nach den dunklen und dunkelsten Kapiteln der deutschen Geschichte.

Dennoch lohnt es, sich den Befund etwas genauer anzuschauen. Nur so kann man verstehen, wie krass die Situation in Deutschland ist, gerade im Vergleich zu anderen Industrienationen. Nach Angaben der OECD, der Organisation für wirtschaftliche Zusammenarbeit und Entwicklung, liegt die Geburtenziffer in Deutschland bei 1,36 Kindern pro Frau. Das ist im Vergleich der 34 OECD-Staaten der viertletzte Platz.

Man darf das ruhig einmal betonen: der viertletzte Platz. Und das in einer der reichsten Nationen der Erde. Nur in drei anderen OECD-Ländern, nämlich in Ungarn, Portugal und Südkorea, bekamen die Frauen im Jahr 2009 durchschnittlich noch weniger Kinder als in Deutschland. Sogar in Japan, dem Land, das gemeinhin als abschreckendes Beispiel für Vergreisung und Kinderlosigkeit gilt, brachten die Frauen mehr Kinder zur Welt.

Und das ist kein saisonaler Ausreißer nach unten, keine Momentaufnahme, keine statistische Verzerrung. Das ist ein stabiler Trend. Seit 1983, seit mehr als 30 Jahren also, liegt die Geburtenziffer in Deutschland unter 1,5 Kindern pro Frau. Im OECD-Durchschnitt gebären Frauen 1,74 Kinder. In rund der Hälfte der OECD-Länder wurde seit dem Jahr 2000 wieder ein Anstieg der Geburtenziffern verzeichnet. Nicht jedoch in Deutschland.

Kinderlosigkeit ist deshalb hierzulande ziemlich weit verbreitet. Über 40 Prozent der deutschen Frauen im Alter von 25 bis 49 Jahren leben in Haushalten ohne Kinder, im OECD-Durchschnitt sind es nur 34 Prozent. Außerdem sind die Familien in der Regel klein: Gut die Hälfte, nämlich 52 Prozent, der deutschen Eltern bekommen nur ein Kind, im OECD-Durchschnitt sind es lediglich 44 Prozent.

Vor allem Frauen mit guter Ausbildung werden in Deutschland spät oder gar nicht Mutter. Je besser ausgebildet eine junge Frau ist, je realer ihre Chance auf eine anspruchsvolle Karriere, desto weniger Kinder bringt sie auf die Welt: Eine Frau, die in der Landwirtschaft arbeitet, bekommt, statistisch gesehen, 2,2 Kinder. Die durchschnittliche Bundesbürgerin 1,3, eine Hochschullehrerin nur 1,0.

Jeder Blick nach oben, auf die Frauen, die es in führende Positionen in Politik, Wirtschaft, Kultur und Medien geschafft haben, bestätigt diese Beobachtung. Fangen wir ganz oben an, im Kanzleramt. Angela Merkel ist kinderlos. In ihrem Kabinett sitzen aktuell fünf Ministerinnen (und zehn Minister). Vier der weiblichen Ressortchefs sind Mütter, zusammen haben sie elf Kinder. Rechnet man allerdings die siebenfache Mutter Ursula von der Leyen heraus, bleiben drei Mütter mit vier Kindern: Andrea Nahles hat eine Tochter, Manuela Schwesig einen Sohn, Johanna Wanka hat zwei Kinder. Das ist ziemlich exakt der Bundesdurchschnitt.

Ein ähnlich kinderarmer Befund ergibt sich, wenn man auf andere Spitzenpositionen schaut, auf das Bundesverfassungsgericht zum Beispiel: Derzeit hüten dort elf Männer und fünf Frauen die Verfassung und legen das Grundgesetz aus. Vier der fünf Richterinnen haben keine Kinder.

In den Vorstandsbüros der 30 größten deutschen Konzerne arbeiten insgesamt 173 Manager – und nur zehn Managerinnen. Und von diesen zehn Vorstandsfrauen in den Top-Konzernen haben nur drei ein oder mehrere Kinder.

Und bei den Multiplikatoren, in den Medien? Die ZDF-Talkmasterin Maybrit Illner ist kinderlos. Dito ihre Fernseh-Kolleginnen Sabine Christiansen, Anne Will und Judith Rakers. Die Journalistin und Feministin Alice Schwarzer – keine Kinder. Die Moderatorin und Literaturkritikerin Elke Heidenreich – keine Kinder. Bascha Mika, die langjährige Chefredakteurin der taz – kinderlos.

Alles starke, kluge, erfolgreiche Frauen. Wir wissen nicht, warum sie keine Kinder haben. Es mag tausend ganz persönliche Gründe dafür geben, wir wollen darüber nicht spekulieren, wollen uns keinesfalls anmaßen, darüber zu urteilen. Die Häufung allerdings dürfte kein Zufall sein.

Ganz offensichtlich lassen sich Spitzenpositionen im Beruf für Frauen in Deutschland kaum mit einer Familie vereinbaren. Nur wenige Frauen freilich formulieren das so offensiv wie die Managerin Brigitte Ederer, die bei Siemens in München im Vorstand gesessen hat und Staatssekretärin im Bundeskanzleramt in Wien war, also die Männerwelten von Politik und Wirtschaft bestens kennt. In einem Interview sagte sie: «Ich habe einen Preis für meine Karriere gezahlt, nämlich die Kinderlosigkeit.»

Das ist gleich doppelt problematisch: Viele der Frauen, die es ganz nach oben geschafft haben, fallen als Rollenmodelle für jüngere Familien aus, die Beruf und Kinder vereinbaren wollen. Und den Frauen, die an führenden Positionen die Chance hätten, das Land familienfreundlicher zu gestalten, fehlt vielfach die eigene gelebte Erfahrung, um beurteilen zu können, welchen Stress, welches Glück, welche Ängste und Zwänge die Vielfachbelastung bedeutet, für Frauen vor allem, aber auch für Männer.

Den Berliner Familienforscher Hans Bertram kann das ganz schön in Rage bringen: «Weibliche Abgeordnete, aber auch weibliche Führungskräfte in der öffentlichen Verwaltung haben überdurchschnittlich häufig keine Kinder», sagt Bertram: «Verstehen Sie jetzt, warum ich so skeptisch bin, wenn alle in der Politik sagen, das muss doch gehen? Damit werden Forderungen formuliert, die sehr viele Politiker selbst nicht erfüllen und nie erfüllt haben. Das ist ziemlich unehrlich.»

Keine Kinder – das ist die eine verbreitete Reaktion auf das Dilemma, dass sich Beruf und Familie so schwer vereinbaren lassen. Eine andere Reaktion ist die späte Geburt.

Frauen bekommen ihr erstes Kind in fast allen Industrienationen immer später, nicht nur in Deutschland, sondern auch in Frankreich oder den USA. Aber hierzulande ist der Trend besonders stark ausgeprägt. Bei uns werden im Durchschnitt besonders wenige Kinder vor dem 30. Lebensjahr der Mutter geboren, deutlich weniger als in Frankreich, annähernd nur halb so viele wie in den Vereinigten Staaten. 1970 lag das Erstgebärenden-Alter (in Westdeutschland) noch bei 24 Jahren. Und während die Geburtenzahl bei den unter 30-Jährigen kontinuierlich sinkt, steigt sie bei Frauen ab 35 seit Jahren an: Fast 120 000 Kinder brachte die Gruppe der Mütter zwischen 35 und 39 im Jahr 2012 zur Welt – etwa jeder fünfte Säugling. Und Frauen über 40 gebaren immerhin noch knapp 30 000 Kinder.

Nachwuchs werde immer häufiger zu einem «Projekt

der zweiten Lebenshälfte», schrieb der *Spiegel* in einer Titelgeschichte zum Thema. Das hat teils gravierende Effekte – je später zum Beispiel das erste Kind geboren wird, desto weniger Geschwister bekommt es in aller Regel. Mit anderen Worten: Die Frauen, die spät anfangen mit dem Kinderkriegen, bekommen meist auch nur ein Kind, manchmal zwei, doch fast nie mehr.

Dabei gibt es allerdings massive Unterschiede zwischen den sozialen Milieus. Je länger und anspruchsvoller die Ausbildung, so lautet die Faustformel, desto später die erste Geburt. Akademikerinnen bringen ihr erstes Kind durchschnittlich mit 33 Jahren zur Welt, Frauen mit Hauptschulabschluss oder ohne Abschluss mit 26 Jahren. Darüber hinaus gilt: Je männerdominierter ein Beruf ist, desto später entscheiden sich Frauen für ein Kind. Grundschullehrerinnen werden früher schwanger als Gymnasiallehrerinnen und die wiederum eher als Professorinnen oder Abteilungsleiterinnen in großen Unternehmen. Die «späten Eltern», wie Wissenschaftler die Frauen ab Mitte dreißig und ihre häufig noch älteren Männer nennen, leben vor allem in Universitätsstädten, in Großstädten und deren Umland und eher im Westen der Republik als im Osten.

Auch für diesen «Megatrend» (Wilhelm Holzgreve, Professor für Frauenheilkunde an der Uni Bonn) gibt es natürlich zahllose Gründe. Längere Ausbildungszeiten, veränderte Aufstiegsmuster, ein wachsendes Gefühl der Verunsicherung. Ein wesentlicher Faktor, vielleicht sogar der wichtigste, ist jedoch die Unvereinbarkeit von Kindern und Beruf oder, genauer: die Sorge, Kinder und Beruf nicht vereinbaren zu können.

Was früher meist gleichzeitig geschah, Berufseinstieg

und Familiengründung, wird heute zeitlich entzerrt – und zwar fast ausnahmslos zu Lasten des Kinderwunsches. Erst der Job, dann die Geburt, nicht selten, bis es fast nicht mehr geht. Der Kapitalismus, so könnte man, nur wenig zugespitzt, formulieren, triumphiert über die Kinderbetten. Sabine Walper, Forschungsdirektorin am Deutschen Jugendinstitut in München, sagt es ganz deutlich: «Späte Eltern führen vor, dass junge Erwachsene heute kaum gleichzeitig Karriere und Familie aufbauen können.»

Eine gewissermaßen technische Variante der späten Mutterschaft ist das sogenannte Social Freezing. Darunter wird das vorsorgliche Einfrieren von unbefruchteten Eizellen ohne medizinische Indikation verstanden. Dieses Verfahren gibt jüngeren Frauen die Möglichkeit, die Entscheidung über eine Schwangerschaft aufzuschieben, unter Umständen bis sie Ende 30 oder sogar Anfang 40 sind. Ursprünglich war die Eizell-Konservierung für junge Krebs-Patientinnen gedacht, die sich einer Chemotherapie unterziehen müssen. Mittlerweile ist es möglich, mit dem Verfahren recht hohe Befruchtungsraten zu erreichen. Die kommerziell angebotene Behandlung kostet in Deutschland derzeit zwischen 3000 und 5000 Euro pro Eingriff und wird offenbar zunehmend nachgefragt.

Social Freezing ist, kurz gesagt, gekaufte Zeit. Zeit, um sich zu entscheiden. Zeit, um den richtigen Partner zu finden. Zeit, um nach einer langen Ausbildung und Jahren der Praktika im Beruf anzukommen und aufzusteigen. Es ist eine tiefgefrorene Option. Ein eiskalter Weg, sich die Dinge noch ein paar Jahre offenzuhalten.

Denn Kinder zu bekommen bedeutet umgekehrt ja:

143

Möglichkeiten aufzugeben. Es heißt, sich selbst zu relativieren, wenigstens für eine Weile. Wie schwer das sein kann, wie sehr es den Lebens-Phantasien vieler junger Frauen widerspricht, hat die *FAS*-Redakteurin Antonia Baum letztens in einer wunderbaren Mischung aus Ironie, Panik und Selbstmitleid beschrieben:

«Die Möglichkeit, sich zu bescheiden, Möglichkeiten auszuschließen – und genau das tut man, wenn man ein Kind bekommt –, wirkt wie ein Mangel. Wenn eine von diesem Ich-Terror sozialisierte junge Frau an ein hilfloses, komplett auf sie angewiesenes Baby denkt, das wiederum an nichts anderes denkt als an sich selbst, rennt diese Frau natürlich schreiend weg. Denn sie denkt ja auch nur an sich, ist insofern also auch ein Baby. Und dann ist diese junge Frau natürlich nicht blöd. Sie liest ja das Internet und geht hin und wieder mal einen Kaffee trinken, wo sie andere Frauen beim Muttersein beobachtet. Dann bekommt sie noch mehr Angst und ist wirklich dankbar, dass es jetzt dieses Social Freezing gibt und sie noch etwas mehr Zeit hat.»

Mit anderen Worten: Hinter der Attraktivität des Social Freezing steht wiederum die Erkenntnis, dass Beruf, Partnerschaft und Familie nur schwer zusammenpassen. Die Kollegin Nicola Abé hat das in ihrem *Spiegel*-Essay über das Social Freezing sehr nüchtern und deutlich formuliert: «Die Gesellschaft erwartet von mir als Frau heute, dass ich arbeite und finanziell unabhängig bin. Sie erwartet auch, dass ich Kinder bekomme. Die Modelle, beides miteinander zu vereinbaren, sind noch immer dürftig.» Und sie konstatiert eine «Unvereinbarkeit nicht nur von Familie und Beruf, sondern auch von Frausein und Mutterschaft» in Deutschland, die dazu geführt

144

habe, «dass viele gut ausgebildete Frauen, die etwas älter sind als ich, kinderlos blieben». Nicola Abé ist Jahrgang 1979.

So gesehen ist das Social Freezing zwar keine Antwort auf die Vereinbarkeitslüge, aber eine Strategie, damit umzugehen. Frauen, die Eizellen einfrieren, so Abé, «entziehen sich ein Stück weit einer biologischen Bestimmtheit und den damit verbundenen sozialen Folgen». Jedenfalls für ein paar Jahre.

Verzicht auf Kinder, späte erste Geburt, Social Freezing – noch ist gar nicht wirklich abzusehen, welche Folgen das alles in den kommenden Jahren und Jahrzehnten haben wird. Aber lassen wir das einmal einen Moment außer Betracht. Schließlich zeigt der «Gebärstreik» in seinen verschiedenen Formen schon heute das reale Problem, Beruf und Familie miteinander zu vereinbaren. Ein Problem, das das Leben von vielen Frauen und Männern beherrscht, jeden Tag, überall in Deutschland. Das zu ignorieren, es kleinreden zu wollen, wie es seit Jahren geschieht, ist ein kollektiver Selbstbetrug von bemerkenswerter Dimension.

VEREINBARKEITSLÜGNER

Ralf (49):
«Ich bin dünnhäutiger geworden, werde schneller aggressiv»

Wie sehen deine Abende aus?

Manchmal beobachte ich an mir ein interessantes psychologisches Phänomen: Wenn ich abends nach Hause komme, kann ich nicht aufhören zu arbeiten und fange erst mal an, die Küche aufzuräumen. Meine Frau sagt dann: «Hör auf damit, du machst mir noch ein schlechtes Gewissen.» Habe ich jetzt auch schon häufiger von Freunden gehört: Man muss immer noch weitermachen, wie der Hamster im Rad.

Was arbeitest du?

Ich bin Architekt.

Wann kommst du abends nach Hause?

Jetzt, wo die Kinder größer sind, so gegen halb acht, acht. Manchmal später, gegen zehn, ich bin auch schon mal um Mitternacht nach Hause gekommen. Manchmal lasse ich mir auch eilige Sachen von den Bauherren abends per Mail schicken und dann telefonieren wir noch. Ich habe ja keine Arbeit, wo die Sachen in der immer gleichen Taktung kommen. Viele Aufträge kommen ganz überraschend – und die großen Wettbewerbe kommen vorzugsweise einen Tag vor dem Urlaub. Meine Frau sagt immer, einen Urlaub, in den ich nicht mindestens einen Zeichenblock und meinen Laptop mitnehme, den gibt es gar nicht.

Du nimmst immer Arbeit mit in das Wochenende und in den Urlaub?

Ja, irgendwas mache ich fast immer.

Arbeitest du am Wochenende zu Hause oder in deinem Architekturbüro?

Früher bin ich ins Büro gefahren, jetzt arbeite ich mehr von zu Hause. Ich habe mir da ein schönes Arbeitszimmer eingerichtet. Im Urlaub klingelt ständig das Telefon, und ich bin immer online. Die Mails kommen rein und müssen beantwortet werden. Sonst ruft der Auftraggeber eine Stunde später an und sagt: «Wir hören ja gar nichts von Ihnen, Sie sind doch sonst immer so schnell. Was ist denn los?»

Was sagt deine Frau dazu?

Die trägt das mit Fassung. Die Kinder meckern mehr, die schimpfen schon mal, wenn ich permanent ans Telefon muss. Wir haben letztes Jahr zum ersten Mal, seit es das Internet gibt, einen Urlaub gemacht, in dem ich nicht erreichbar war. Ich habe gesagt, ich fahre nach Afrika, da gibt es kein Netz, ihr könnt mich nicht erreichen. Was Quatsch war.

Und, wie war's?

Das war richtig gut. Wunderbar. Ich habe nur zweimal im Büro angerufen, aber meine Sekretärin hat gesagt: «Alles im Griff, machen Sie mal Urlaub.» Ich habe so viel geschlafen, acht, neun Stunden jeden Tag, ich kam so ausgeruht wieder, das war herrlich. Das kann man natürlich nicht jedes Jahr machen.

Warum schaffst du es nicht, das blöde Handy mal auszumachen?

Weil dann doch immer was dazwischenkommt. Und weil ich das Gefühl habe, ich kann den Kollegen nicht den ganzen Wahnsinn zumuten. Außerdem ist es auch so, dass manche Bauherren spezifisch von mir betreut werden wollen, die beschweren sich, wenn ich das an einen jüngeren Kollegen abgebe. «Werden wir jetzt abgeschoben?», heißt es dann. Ich sage immer, ich kann mich nicht zerteilen. Ich habe nur dieses eine Leben, das kann ich nicht multiplizieren.

Fühlst du dich manchmal überfordert?

Ja. Ich merke das an meinen Reaktionen. Ich bin dünnhäutiger geworden, ich werde schneller aggressiv.

Was machst du, wenn du dich überfordert fühlst?

Wenn ich nur eine Woche in Urlaub bin, manchmal, wenn ich nur einen Tag nicht im Büro bin, dann liegt mein Schreibtisch so hoch voll mit Akten, dass ich kaum mehr drüberschauen kann. Und ich habe einen großen Schreibtisch, zwei Quadratmeter mindestens. Und wenn man dann noch eine Wettbewerbsabgabe hat oder einen großen Vortrag, dann denkt man manchmal, jetzt springe ich gleich mit Anlauf aus dem Fenster, ich schaffe es nicht mehr.

Sprichst du darüber mit deinen Kollegen?

Na ja, wenig. Vor zwei Jahren hatte ich auch schon mal einen Hörsturz, da wollten die Ärzte mich sofort ins Krankenhaus einweisen. Aber das habe ich verhindert. Seither habe ich noch einen Tinnitus. Ich habe dann auch wirklich versucht, etwas weniger zu arbeiten, das ging auch eine Weile, aber das letzte Jahr war heftig. Richtig heftig. Bei manchen Projekten hat sich die Arbeit schlicht verdoppelt.

Und wenn du dennoch versuchen würdest, weniger zu arbeiten?

Ich frage mich auch manchmal, will ich es eigentlich anders? Will ich die Belastung wirklich in den Griff kriegen? Denn wenn mal etwas weniger zu tun ist, dann kommt gleich die Verarmungsangst auf, wie mein Kollege sagt. Nach dem Motto, huch, wo sind die Bauherren, wieso rufen die nicht mehr an?

KAPITEL 9
... IN DEN CHEFETAGEN

Sascha Schmidt hört häufiger Sätze, von denen man gar nicht glauben würde, dass sie heute noch so fallen. «Warum sollte ich meine Mitarbeiter ermuntern, nicht mehr zur Arbeit zu kommen?», ist so ein Satz. Oder: «Wir haben doch schon die ganzen Frauen, die schwanger werden. Und jetzt sollen wir uns auch noch um die Väter kümmern?» Es sind fast nur Männer, die solche Sätze sagen: Abteilungsleiter, Personalchefs, Geschäftsführer. Männer in verantwortlichen Positionen der deutschen Wirtschaft, die sich vordergründig modern und aufgeschlossen geben – aber mit den tatsächlichen Bedürfnissen ihrer Mitarbeiter nicht viel anfangen können.

So lautet das Signal der meisten Unternehmen an ihre männlichen Angestellten immer noch: Wenn du bei uns arbeiten willst, musst du auch alles geben – für das Unternehmen. Und wenn du dich richtig anstrengst und ordentlich reinhängst, dann kannst du bei uns auch mal sehr viel Geld verdienen – aber das dauert noch ein Weilchen.

Sascha Schmidt war Bereichsleiter bei einem großen deutschen Verlag. Als seine erste Tochter auf die Welt kam, fragte er seinen Vorgesetzten nach einer Auszeit. Dessen Antwort: Das können Sie schon machen. Aber Sie werden verstehen, dass wir uns dann einen neuen Bereichsleiter suchen müssen, denn die Arbeit bleibt ja nicht liegen, oder? Schmidt verstand. Und ging.

Heute hat er zwei Töchter, sie sind elf und acht. Nach seinem Abschied aus dem Konzern gründete Schmidt eine Karriere- und Familienberatung: Er berät Männer und Frauen in Berufsfragen und hält Vorträge für Väter und Mütter. Bevor er damit begann, hat er sich bei dem dänischen Familientherapeuten Jesper Juul weitergebildet. Schmidt erzählt von Chefs, die Vätermonate für eine ziemlich dumme Erfindung der Politik halten. Und er berichtet, dass viele Unternehmen den Eindruck hätten, schon so viel für die Familienfreundlichkeit getan zu haben, dass es jetzt auch mal gut sei.

So redet die Wirtschaft zwar gern davon, noch mehr für die Familien tun zu wollen. Aber in Wahrheit sind die meisten Unternehmen eben doch: Vereinbarkeitslügner. Ihnen geht es nicht um die Mütter oder Väter, sondern um Arbeitskräfte. Sie wollen, dass wir uns noch mehr anstrengen. Noch flexibler zeigen. Noch mehr auf die Bedürfnisse der globalisierten Wirtschaft einstellen. Oder, wie es der Chef von Google kürzlich sagte: Der optimale Angestellte müsse im besten Sinne überarbeitet sein. Denn nur dann zeige sich seine ganze Leidenschaft.

Was hat man in den vergangenen Jahren nicht alles von uns Arbeitnehmern verlangt: Dass wir flexibler werden und einen Job auch dann annehmen, wenn er weit weg liegt, in einer anderen Stadt. Dass wir bis spät in die Nacht arbeiten und selbstverständlich auch am Wochenende, wenn der Abgabetermin eines Projektes das eben so erfordert. Dass wir Überstunde um Überstunde schieben, weil die Konkurrenz aus Fernost ja ebenfalls nicht schläft.

All das haben wir auch gemacht. In den vergangenen zehn Jahren ist die durchschnittliche Arbeitszeit für Vollzeitbeschäftigte in Deutschland kontinuierlich gestiegen, sie liegt inzwischen bei 42,8 Stunden. In keinem anderen Land der Europäischen Union ist die Diskrepanz zwischen den tatsächlichen Arbeitsstunden und der Arbeitszeit, die im Tarifvertrag steht, größer als bei uns. In einigen Branchen wie der Bauindustrie wird ganz offiziell schon wieder länger gearbeitet; in anderen Bereichen nehmen die Überstunden zu. Und dann gibt es noch die drei Millionen Deutschen, die einen Nebenjob haben. Seit der Wiedervereinigung hat sich ihre Zahl verdreifacht.

Die Welt der Wirtschaft funktioniert eben nach einer ganz anderen Logik als unser Familienleben. Die Unternehmen wollen ihre Kosten minimieren und ihre Erträge maximieren; sie müssen sich gegen ihre Wettbewerber in einem harten Konkurrenzkampf durchsetzen, um langfristig überleben zu können; und dazu brauchen sie belastbare Mitarbeiter, die selbst ständig in Unruhe sind. Im Familienleben hingegen herrscht eine entgegengesetzte Logik. Da geht es um Stabilität, Zuneigung und Ruhe. Im Grunde ist das ein Konflikt, der sich nicht auflösen lässt. «All das, was hier das System trägt, bringt es dort zum Scheitern», schreibt die Familienforscherin Mariam Irene Tazi-Preve.

So will die Wirtschaft möglichst viel von unserer Zeit. Obwohl wir doch immer mehr Zeit für die Familie wollen.

Es ist drei Jahrzehnte her, da demonstrierten in Deutschland zehntausende von Arbeitnehmern für kürzere Arbeitszeiten. Im Sommer 1984 legte ein Arbeitskampf das Land für mehrere Wochen lahm. Unzählige

Fabriken blieben geschlossen. Vor den Werkstoren skandierten die Arbeiter. Der Streik für die Einführung einer 35-Stunden-Woche traf vor allem die Automobilindustrie, aber der Aufstand der Metallgewerkschafter fand seinen Widerhall im ganzen Land. Es war eine Machtprobe, wie es sie in der Nachkriegszeit noch nicht gegeben hatte.

In den Jahren und Jahrzehnten danach kam niemand mehr auf die Idee, kürzere Arbeitszeiten zu fordern. Die Erinnerung an den großen Streik von 1984 verblasste wie die Farbe auf den roten Aufklebern mit der gelben Sonne, mit denen die IG Metall für die 35-Stunden-Woche geworben hatte. Im Land verbreitete sich eine ganz andere Stimmung: dass die Deutschen mehr arbeiten und sich mehr anstrengen müssten.

Nun ändert sich das. Erstmals seit dreißig Jahren kämpfen die Deutschen wieder für andere Arbeitszeiten, und wieder ist es eine Massenbewegung. Nur, dass es im Unterschied zu damals keine Großdemonstrationen gibt. Heute kämpft jeder Einzelne für sich, in seinem Betrieb: gegen Vorgesetzte, die sich nicht vorstellen wollen, wie viel ihre Mitarbeiter auch in einer Vier-Tage-Woche leisten können. Gegen Abteilungsleiter, die nicht verstehen, dass sich Väter und Mütter auch um ihre Kinder kümmern wollen. Gegen Personalchefs, die sich dagegen wehren, die Arbeit im Unternehmen neu zu organisieren.

Vier von fünf Beschäftigten wünschen sich laut einer Umfrage der IG Metall flexiblere Arbeitszeiten. Und das sind nur jene halbe Million Deutsche, die an der Befragung teilnahmen und sich dabei auch trauten, die Wahrheit zu sagen. 82 Prozent aller Männer mit Kindern würden gern Teilzeit arbeiten, jeder dritte Vater hält eine Wochenarbeitszeit von 32 Stunden für ideal. Das ergab eine Studie der Väter GmbH, einer Unternehmensberatung für familienorientierte Dienstleistungen. Zwei Drittel der befragten Väter würden zugunsten der Familie sogar Karrierenachteile in Kauf nehmen. Würden.

Denn woran hakt es? Womöglich daran, dass Mann und Frau beide Vollzeit arbeiten müssen, um mit der Familie über die Runden zu kommen. Womöglich daran, dass der Arbeitgeber des Mannes keinen männlichen Teilzeitarbeiter will. Und vielleicht auch daran, dass es für Väter sehr einfach ist, in einer Umfrage die sozial erwünschten Antworten zu geben – und sehr viel schwerer, im wahren Leben tatsächlich danach zu handeln. Es ist gewissermaßen die zweite große Welle der Flexibilisierung, die jetzt die Wirtschaft erreicht. In der ersten Welle waren es die Arbeitnehmer, die sich anstrengen und verändern mussten. Nun sind es die Arbeitgeber, die sich anstrengen sollen – die neue Arbeitsformen zulassen müssen und ganz andere Arbeitszeiten. Die Frage ist nur, ob sie dazu bereit sind.

Andy Keel kann erzählen, was man als Mann, der weniger arbeiten will, so alles erlebt. Keel ist Schweizer, er stammt aus einem kleinen Dorf in der Nähe von St. Gallen, der Vater war selbständiger Buchhalter, die Mutter half manchmal als Krankenschwester aus. Ganz traditionelle Verhältnisse waren das, und genauso traditionell verlief zunächst Keels Leben: Banklehre, berufsbegleitendes Studium – und dann der schnelle Aufstieg innerhalb der Bank. Mit 21 hat er schon die erste Führungsposition inne, mit 26 steigt er zum jüngsten Direktor auf. Er leitet das weltweite Kostencontrolling der Bank, hat Verantwortung und Macht. Die Bank hat ihn da längst in ihr internes Talentförderungsprogramm aufgenommen, die wichtigsten Nachwuchsführungskräfte konkurrieren mit Keel um die Aufmerksamkeit der Chefs ganz oben. «Es lief alles auf einen Job in der Spitze zu», erzählt er, «und es war klar, dass es nur noch darum ging, die Ellbogen auszufahren und sein eigenes Ding zu machen.»

In dieser Zeit lernt Keel seine Frau kennen. Sie bringt zwei Kinder mit in die Beziehung, und es dauert nicht lange, da überfallen den jungen Vater die ersten Zweifel an seinem Job. Viel Geld zu verdienen mag gut sein, ja. Aber seine Familie lebt in Österreich, in Innsbruck, und er arbeitet in der Schweiz, in Zürich. Welchen Sinn macht die Arbeit, wenn man Frau und Kinder fast nie sieht? Er wollte immer Geld verdienen, um eine Familie ernähren zu können. Aber er wollte nie Geld verdienen, um eine Familie zu ernähren, die er nur am Wochenende sieht. Andy Keel beschließt, nur noch Teilzeit zu arbeiten, vier Tage in der Woche. Dann kann er wenigstens schon donnerstagabends nach Innsbruck fahren und am Montagmorgen wieder zurück nach Zürich. Das ist der Plan.

Sein direkter Vorgesetzter ist gar nicht abgeneigt, sagt aber, dass er den Antrag nicht bewilligen könne. Teilzeit als Führungskraft? In einer international tätigen Großbank? So etwas sei undenkbar. Keel lässt nicht locker, und so landet sein Gesuch schließlich ganz oben, beim Vorstand. «Ich bin dem CFO, dem Finanzvorstand der Gesamtbank, gegenübergesessen, immerhin dem Chef von 60 000 Mitarbeitern, und habe mir eine Abfuhr geholt. Dann habe ich gesagt: ‹Wenn das so ist, bin ich weg.› Und so ging es hin und her. Bis er mir die Vier-Tage-Woche bewilligt hat», erzählt Keel.

Als er das Büro verlässt und den Gang zum Aufzug entlangläuft, reißt der Chef noch einmal die Zimmertür auf und schleudert ihm eine wüste Drohung hinterher: Seinen Jahresbonus könne er vergessen und die Karriere sowieso. «Man hat mich sehr deutlich spüren lassen, dass meine Zeit in dieser Bank vorbei ist», erzählt Keel. «Und ich hatte auch nicht die Leidensfähigkeit, um das noch sehr lange so weiterzumachen.» Er weiß, dass er gehen muss. Und dass er auch woanders keinen Job finden wird. Zumindest nicht in Teilzeit und nicht auf diesem Niveau.

Er steigt aus und gründet «Teilzeitkarriere», einen Jobmarktplatz für qualifizierte Teilzeitstellen. Weil Teilzeit bis dahin aber vor allem Frauen betrifft und es auch nur Stellenangebote für Frauen gibt, gründet Keel noch ein Unternehmen: «Teilzeit-Mann», eine Beratungsfirma speziell für Männer. Es ist das erste Männerprojekt, das von der Gleichstellungsbehörde der Schweiz finanziell gefördert wird.

Inzwischen ist Keel auch viel in Deutschland unterwegs, und immer wenn er bei Firmen vorspricht, um gemeinsam mit ihnen Teilzeitangebote für Männer zu entwickeln, ist das Interesse im ersten Augenblick groß. Wenn es dann allerdings konkreter wird und zum Beispiel darum geht, eine Informationsveranstaltung für die Belegschaft zu organisieren, sinkt das Interesse rapide. «Viele Personalchefs haben wirklich Angst, dass da 200 Mitarbeiter kommen und noch am selben Tag einen Antrag stellen, künftig Teilzcit zu arbeiten.»

So flexibel wie ihre Beschäftigten wollen die Unternehmen offensichtlich nicht sein. Laut einer Studie der Unternehmensberatung Bain & Company interessieren sich hierzulande 80 Prozent der männlichen Arbeitnehmer in Führungspositionen für flexiblere Arbeitszeiten,

159

zum Beispiel für Teilzeit. Seit 2001 gibt es in Deutschland sogar ein Recht auf Teilzeit, es steht im Teilzeit- und Befristungsgesetz. Allerdings: Kaum ein Mann – und vor allem kaum einer in Führungsposition – wagt es, dieses Recht auch einzufordern. «Das geht bei uns nicht», heißt es dann. Oder: «Denken Sie an Ihre Karriere!» Oder: «Wenn Sie weniger arbeiten, müssen andere eben mehr arbeiten. Ob die das wollen?» Jeder dritte Mann traut sich laut einer Untersuchung der Unternehmensberatung AT Kearney nicht, das Thema beim Vorgesetzten überhaupt einmal anzusprechen.

Noch immer sind die Ängste vor flexibleren Arbeitsformen verbreitet. Zwar werden einfache Dienstleistungs- und Bürojobs oft von Teilzeitkräften erledigt, es gibt in Deutschland daher sogar mehr Teilzeitstellen als in fast allen anderen Industrieländern. Aber für anspruchsvolle Aufgaben und vor allem für Führungspositionen können sich viele Personalchefs verkürzte Arbeitszeiten nach wie vor nicht vorstellen. Und es sind die Familien, die das auffangen müssen: «Statt einer notwendigen Anpassung der Arbeitswelt an die Bedürfnisse von Frauen, Männern und Kindern, zeigt die Entwicklung eine Tendenz zur Durchökonomisierung des familiären Bereichs», schreibt die Familienforscherin Tazi-Preve.

Wie sehr die ökonomische Logik die Köpfe beherrscht, sieht man zum Beispiel an Herbert Henzler, einem der großen alten Männer der Deutschland AG: Er warnt die Deutschen davor, sich in eine Freizeitgesellschaft zu verwandeln. Der Wohlstand müsse hart erarbeitet werden. «Es gibt sehr viele junge Menschen in anderen Ländern, die bereit sind, sich richtig reinzuhängen», sagte der frühere McKinsey-Chef dem *Handelsblatt*.

So denken immer noch viele Firmenchefs und Personalvorstände. Sie selbst haben ihre Karriere ja noch zu einer Zeit begonnen, in der ein sehr klassisches Verständnis von Arbeit herrschte und nur derjenige etwas galt, der auch viel Zeit am Arbeitsplatz verbrachte. Diesen Chefs fällt es schwer, neue Arbeitszeitformen zu akzeptieren. Als Eric Schweitzer, der Chef des Deutschen Industrie- und Handelskammertages (DIHK), im Frühjahr 2014 gemeinsam mit der Bundesfamilienministerin ein großes Zeitungsinterview gab, in dem er sich für eine Art «Familienarbeitszeit» aussprach – der Vater arbeitet weniger, die Mutter arbeitet mehr –, war die Unruhe bei den Unternehmen groß. Wie der Verbandschef bloß darauf komme, sich in ihre Personalpolitik einzumischen? Wir wollen so etwas nicht!, war das Signal.

Und die Väter? Sie leiden unter den Folgen dieser Denke, meint die Familienforscherin Tazi-Preve: «Die Norm männlicher Erwerbszentriertheit und Karriereorientierung stellt die Grundlage sowohl der herrschenden Ökonomie als auch der Sozialpolitik dar. Männern wird somit unmöglich gemacht, den Preis, den sie für ihr persönliches Leben zahlen müssen, zu erkennen. Die eigene Gesundheit und Lebensqualität sowie der Anteil am Leben ihrer Kinder werden der Berufstätigkeit untergeordnet.»

Natürlich gibt es einzelne Betriebe, die schon heute beweisen, dass man auch anders mit seinen Mitarbeitern umgehen kann, und die sich anstrengen, mehr für die Vereinbarkeit von Beruf und Familie zu tun. Aber es gibt so wenige positive Beispiele, dass man immer wieder die gleichen Unternehmensnamen genannt bekommt, wenn man sich einmal umhört.

Christian Gebauer ist Ingenieur bei Bosch in Stuttgart. Ein konservatives Unternehmen in einer konservativen Region, so will es zumindest das Klischee. Tatsächlich ist Bosch ziemlich innovativ bei der Personalentwicklung, man hat sehr früh angefangen, für die eigenen Ingenieure verschiedene Arbeitszeitmodelle auszutüfteln. Das funktioniert, weil man eine ganz entscheidende Regel beherzigt: Wenn du willst, dass deine Mitarbeiter flexibler arbeiten können, musst du zuerst die eigenen Führungskräfte überzeugen. Leute wie Christian Gebauer.

Christian Gebauer war 43, als ihn der Arbeitsblues packte. Ein Abteilungsleiter im mittleren Management, Vorgesetzter von 35 Leuten. In der Mitarbeiterzeitung las er, dass 125 Führungskräfte gesucht würden, die 125 Tage weniger arbeiten wollten. Sechs Monate lang nur vier Tage pro Woche arbeiten, mit vollem Rückkehrrecht auf die alte Stundenzahl – das klang verlockend. Gebauer rechnete: Wie viel Lebensarbeitszeit habe ich? Wie viel Geld verdiene ich in dieser Zeit? Was verliere ich, wenn ich sechs Monate weniger arbeite? Und was bedeuten diese sechs Monate für den Rest meiner Karriere, für den Rest meines Lebens? Auf einmal fühlte es sich gar nicht mehr so schwierig an, für ein halbes Jahr nur noch Teilzeit zu arbeiten. Zumal sein Arbeitgeber ja Leute wie ihn ausdrücklich dazu ermunterte.

Inzwischen ist das drei Jahre her. Gebauer hat auf sein Rückkehrrecht verzichtet und arbeitet nur noch 80 Prozent. Wie viele Führungskräfte bei Bosch: Rund 1000 Vorgesetzte haben inzwischen am Teilzeitprogramm teilgenommen – nur einer von fünf wollte danach zur alten Stundenzahl zurück.

Christian Gebauer verabschiedet sich jetzt immer am

Donnerstagabend von seinen Kollegen und begibt sich auf die Autobahn. Er fährt dann in die Nähe von Basel, wo seine Partnerin mit den drei Kindern lebt. Früher stand er freitags lange im Stau, heute fährt er entspannt und ist viel schneller da. Freitags, nach dem gemeinsamen Frühstück, wenn die Kinder in der Schule sind, setzt sich Gebauer aufs Rad. Oder kümmert sich um den Garten. Er hat ganz einfach Zeit für sich. Der Laptop bleibt zugeklappt, Mails liest er nicht. An einem Arbeitstag in der Woche ist Christian Gebauer tatsächlich: weg.

«Ich habe damals sehr schnell gemerkt, wie gut mir das tut. Und wie gut es meiner Arbeit tut», erzählt er. «Ich hatte auf einmal wieder viel mehr Power, viel mehr Ideen.» Auch seinem Arbeitgeber fiel das auf: Obwohl er nur noch 80 Prozent arbeitet, wurde Gebauer befördert. Heute führt er ein Team von 85 Mitarbeitern – und beweist damit, dass Teilzeitarbeit kein Karrierekiller sein muss.

Allerdings: So ermunternd dieses Beispiel klingt, so bitter ist die Realität in den meisten Unternehmen des Landes. Die Mehrheit der Führungskräfte wehrt sich gegen flexiblere Arbeitszeiten, als führten sie direkt zur Pleite des Betriebs. «Selbst Chefs, die modernste, flexibelste Arbeitsmodelle zulassen, kehren spätestens bei Gehaltsverhandlungen, ganz sicher aber bei der Vergabe von besseren Posten wieder zu den Standards von vorgestern zurück», kritisiert die Tageszeitung *Die Welt*.

Dabei nimmt sich selbst eine Auszeit vom Job für ein oder zwei Jahre verschwindend gering aus, wenn man bedenkt, wie lange wir insgesamt arbeiten werden. Und tatsächlich ist es doch so: Wir alle wissen, dass wir länger arbeiten und möglichst viele Kinder bekommen sol-

163

len und dass wir irgendwann auch unsere Eltern werden pflegen müssen. Aufgaben fürs Leben sind das. Und da sollte es nicht möglich sein, in der kurzen Phase, in der sich so vieles ballt, auch mal weniger zu arbeiten?

Zwei Drittel der Eltern in Deutschland würden sich von ihrem Arbeitgeber eine stärkere finanzielle Beteiligung bei den Kinderbetreuungskosten wünschen. Das hat eine Umfrage der Zeitschrift *Nido* ergeben. Auch wenn viele Elternpaare doppelt arbeiten, verdienen sie zu wenig, um sich jemanden leisten zu können, der die Kinder jeden Tag von der Schule oder vom Kindergarten abholt und der auch mal einspringt, wenn eines der Kinder krank zu Hause bleiben muss. Fast alle Eltern sagten in dieser Umfrage, dass es in den vergangenen fünf Jahren kein bisschen einfacher geworden sei, Familie und Beruf zu vereinbaren.

Wie aber reagiert die Wirtschaft auf solche Zahlen? Gar nicht. Es hakt am Willen und am Geld. Weil der Kostendruck in vielen Unternehmen steigt, werden selbst in jenen Firmen, die Teilzeitarbeit oder Sabbaticals ihrer Mitarbeiter zulassen, sehr häufig keine zusätzlichen Leute eingestellt – und dann muss die vorhandene Arbeit einfach mit weniger Leuten gemacht werden. Das erhöht den Druck auf alle anderen noch mal.

Im vertraulichen Gespräch bestätigen Personalreferenten, dass sie es schwer hätten, ihre Vorgesetzten für Vereinbarkeitsmaßnahmen zu begeistern, geschweige denn Geld dafür lockerzumachen. Jahrzehntelang nervten schon die Gleichstellungsbeauftragten, wollten spezielle Fördermaßnahmen für weibliche Angestellte und kämpften für die Frauenquote. Und nun fangen auch noch die Männer an zu quengeln? «Das Thema ist durch», sagt die Personalverantwortliche eines bekannten Mittelständlers.

Man muss dazu wissen, dass auch das Personalmanagement in den Unternehmen gewissen Trends unterliegt. Dass es also Themen gibt, die auf einmal angesagt sind und um die man sich als guter Arbeitgeber tunlichst kümmern sollte. Etwas für die Familien zu tun galt als so ein Thema. Denn natürlich spürten die Unternehmen im Land, dass die Unzufriedenheit ihrer Arbeitnehmer wuchs und immer mehr Väter und Mütter ständig bis an die Grenze ihrer Belastbarkeit gehen – einige sogar darüber hinaus. Also warben diese Unternehmen damit, sich fortan auch um die Vereinbarkeit von Familie und Beruf zu kümmern. Manche brüsteten sich, dass bei ihnen ganz selbstverständlich auch Väter in Elternzeit gehen könnten, auch länger als nur zwei Monate. Einige führten freiwillig eine Frauenquote ein, um mehr Frauen in Führungspositionen zu bekommen. Andere gründeten Elternstammtische oder Väternetzwerke.

Aber das war natürlich nur ein Anfang. Im Ernst brauchen wir Väter keine Selbsthilfegruppen, in denen wir stuhlkreismäßig zusammensitzen und uns gegenseitig unser Leid klagen.

Reden wir also über Geld. Denn wirklich etwas für die Familien zu tun würde die Unternehmen auch etwas kosten. Dann würden sie zum Beispiel in Betriebskindergärten investieren oder ihren Angestellten den Babysitter oder die Haushaltshilfe finanzieren. Sie würden zusätzliche Mitarbeiter einstellen, damit ihre Angestellten flexibler arbeiten können – und nicht, wie bisher, jeder Teilzeitjobber den Druck auf den Rest der Belegschaft erhöht, weil die Arbeit ja von irgendwem erledigt werden muss.

Wirklich etwas für die Familien zu tun hieße auch, über ganz andere Karrieremodelle und Berufsverläufe nachzudenken und so die Rushhour des Lebens für viele Väter und Mütter zu entschleunigen. Damit es keine Konkurrenz mehr gibt zwischen Angestellten mit Kindern und solchen ohne. Und es dem über 50-Jährigen genauso möglich ist, beruflich noch einmal durchzustarten, wie heute bloß dem unter 40-Jährigen.

Wenn der Wirtschaft die Vereinbarkeit von Familie und Beruf tatsächlich etwas bedeuten würde, dann müssten sich gerade die großen Unternehmen des Landes auch politisch stärker engagieren. Dann wäre es auch ihr Anliegen, die Politik zu Reformen zu bewegen, die den Familien helfen.

Doch zu alledem sind die wenigsten Unternehmen bereit. Zu den Ausnahmen zählt der Maschinenbauer Trumpf in Ditzingen, in der Nähe von Stuttgart. Trumpf ist Weltmarktführer für Lasertechnik, das Unternehmen braucht die besten Ingenieure des ganzen Landes. Ihnen muss man als Arbeitgeber etwas bieten. Also hat man mit den Kindergärten in der Umgebung vereinbart, dass die Kinder der Trumpf-Mitarbeiter bis 19 Uhr kostenlos betreut werden. Das Abendessen für die Familie können die Mitarbeiter aus der Betriebskantine mit nach Hause nehmen, und es gibt sogar einen Bestellservice für die Wochenendeinkäufe.

Das ist ein ziemlich gutes Beispiel dafür, wie sich ein Unternehmen auch darum kümmern kann, das Arbeits- und Privatleben seiner Angestellten zumindest wieder ein wenig mehr in Einklang zu bringen. Man kann daraus lernen, dass die Fürsorge eines Arbeitgebers für seine Mitarbeiter nicht am Werkstor endet. Und dass ein

Betrieb eben immer auch das Private seiner Angestellten im Blick haben sollte, nun, da die Arbeit schon so tief ins Private eingedrungen ist.

Für die Vereinbarkeitslügner in den Chefetagen der meisten Unternehmen ist das alles jedoch: ganz großer Quatsch. Stattdessen erhöht die Wirtschaft den Druck auf uns alle immer mehr. Inzwischen reicht der Zwang zur Selbstoptimierung der Angestellten sogar schon bis in die Eierstöcke der Frauen.

Es sind bislang vor allem Technologiefirmen wie Apple oder Facebook, die ihre weiblichen Angestellten mit einem perfiden Angebot locken. Sie versprechen ihnen, die Kosten zu übernehmen, sollten diese Frauen ihre Eizellen schockgefrieren und einlagern lassen. In den USA ist das Social Freezing bereits verbreitet, aber auch hierzulande findet es zusehends Anklang (siehe Kapitel 8). Für viele Frauen gilt Social Freezing als Möglichkeit, den Zeitpunkt ihrer Schwangerschaft selbst zu bestimmen. Unter dem Einfluss der Wirtschaft aber wird daraus ein Werkzeug der betrieblichen Planung und Kontrolle.

Bis zu 20 000 Dollar lassen sich Apple oder Facebook die Entnahme und Lagerung der Eizellen kosten. Man kann das natürlich als lukratives Angebot des Arbeitgebers betrachten, als eine zusätzliche finanzielle Leistung zum vereinbarten Jahresgehalt, so wie den Dienstwagen und die betriebliche Altersvorsorge. Aber klar ist auch: Wenn Unternehmen das Social Freezing genauso fördern wie das Kantinenessen, dann wollen sie, dass ihre Angestellten dieses Angebot auch in Anspruch nehmen. Und wenn erst ein paar Frauen davon Gebrauch machen, erhöht das den Druck auf die anderen weiblichen Angestellten umso mehr.

«Liebe Kollegin Soundso», wird es dann heißen, «wollen Sie nicht auch Ihre Eizellen einfrieren lassen, um später noch Kinder zu bekommen, gerade passt es doch nicht?» Oder: «Verehrte Frau Soundso, wieso wollen Sie denn jetzt an Ihre Eizellen ran, gerade steht doch unser großes Projekt vor dem Abschluss, Sie wissen doch, da geht es um Millionen, und wenn Sie jetzt schwanger werden, dann werden wir die Projektleitung Ihrer Kollegin übertragen müssen, die hat schon darauf verzichtet, ihre Eizellen gerade jetzt auftauen zu lassen.»

Aber nicht nur die Konkurrenz unter Frauen wird sich verschärfen. Sondern auch die zwischen Frauen und Männern. Denn was wird wohl geschehen, wenn eine Frau und ein Mann um dieselbe Führungsposition im Unternehmen konkurrieren und das Unternehmen lieber die Frau auf dieser Stelle sähe? Wird es dann nicht einen versteckten Hinweis an die Kandidatin geben, ihre eingefrorenen Einzellen doch noch ein Weilchen eingefroren zu lassen?

Selbst wenn über solche Dinge in einem Unternehmen wahrscheinlich nie offen gesprochen werden wird: Auch unausgesprochen kann eine Firma sehr viel Druck auf ihre Angestellten ausüben. Beim Social Freezing. Beim Wunsch nach flexibleren Arbeitszeiten. Bei eigentlich allen Veränderungen, die nicht allein dem Unternehmensziel dienen könnten, sondern auch dem Wohl der Familien. Solange also die Vereinbarkeitslügner in den Chefetagen keinen Widerspruch finden, von Müttern und Vätern, laut und vernehmlich, vor allem aber auch aus der Politik, so lange wird sich auch nichts ändern in Deutschland.

Björn (46):
«Das steht so unausgesprochen im Raum»

Wie viele Kinder hast du?
Drei. Mein großer Sohn ist 17, meine Tochter 15 Jahre alt. Wir haben dann spät noch mal einen Jungen bekommen, er ist jetzt sieben.

Wann kommst du abends nach Hause?
Meist schaffe ich es so gegen halb sieben. Unser Jüngster ist gerade etwas stärker auf mich fixiert, der wartet richtig, dass ich nach Hause komme, weil er toben und raufen will. Man merkt, dass er jetzt körperlich kräftiger wird und diese Kraft irgendwie rausmuss.

Und wenn er dann im Bett ist?
Kommen die Themen der beiden Großen auf den Tisch. Unser Sohn macht gerade sein Abi, bei unserer Tochter geht es darum, ob sie nach der zehnten Klasse eine Gymnasialempfehlung bekommt oder eine Ausbildung anfangen muss. Das sind einfach noch mal ganz andere Entscheidungen, die da jetzt anstehen. Wirkliche Lebensentscheidungen. Und meine Frau und ich machen uns Sorgen, wir wollen natürlich, dass unsere Kinder sich um ihre Zukunft kümmern, haben aber gleichzeitig das Gefühl, dass sie den Ernst noch nicht richtig erkannt haben und zumindest mein Sohn teilweise mit der Komplexität und Vielfalt der Möglichkeiten auch ein wenig überfordert zu sein scheint. Vielleicht haben sie auch keine Lust, sich zu kümmern. Darüber gibt es immer wieder Streit und Spannungen.

169

Warst du denn als Jugendlicher nicht genauso?

Doch, doch. Es ist ja auch nicht so, dass ich kein Vertrauen in meine Kinder hätte. Wir haben sie immer dazu erzogen, sehr selbständig zu sein, auch mit dem Risiko, dass sie mal auf die Nase fallen. Aber wenn es darum geht, was sie studieren oder arbeiten wollen, stehen sie heute doch vor einer ganz anderen Wand, als wir früher standen. Mein Sohn hat sich im Internet einen Studienführer heruntergeladen, da waren sage und schreibe 17 000 Studiengänge aufgeführt. Auch wenn 16 000 davon nicht für ihn in Frage kommen: Es bleibt immer noch eine Unmenge an Möglichkeiten. Und da sind so Dinge wie Berufsakademie oder Ausbildung noch gar nicht mal mitgezählt. Mein Eindruck ist, dass ihn diese Vielfalt überfordert. Und ich beobachte, dass er deswegen erst gar nicht anfängt, sich richtig zu kümmern, sondern das Kümmern immer weiter vor sich herschiebt.

Es ist sozusagen die Kehrseite der enormen Freiheit, die deine Kinder erleben – und in der ihr sie auch großgezogen habt?

Ja. Ich habe ihnen immer gesagt: «Ihr wollt Abitur machen, also kümmert euch drum, ich schaue mir nicht jede einzelne Note an, ihr seid selber verantwortlich.» Und das hat eigentlich auch ganz gut funktioniert. Das bedeutet aber auch, dass wir sehr selbstbewusste Kinder haben, die sehr genau wissen, was sie wollen, und die auch sehr gut argumentieren können. Meine Schwester hat das anders gemacht, sie hat ihre Kinder viel autoritärer erzogen. Ich wollte das nicht. Aber das Interessante ist, dass sie heute den Eindruck hat, viel mehr steuern zu können, was ihre Kinder beruflich

machen werden, und dass sie deswegen viel gelassener ist, als wir es sind.

Und das ist dann der Grund für euren Streit?

Ja. Es ist für uns alle eine seltsame Situation. Unsere
Kinder sind irritiert, dass wir auf einmal Druck machen, dass wir nachfragen und ungeduldig sind. Das
kannten sie von uns nicht. Meine Frau und ich sind
irritiert, dass unsere Kinder das Ganze vor sich herschieben. Dazu kommt speziell bei unserem Großen
noch ein Kampf, den wahrscheinlich sehr viele Eltern
mit Jungs kennen: dass er sehr viel Zeit vor dem Computer hockt und irgendwelche Spiele spielt, und das
in einem Ausmaß, wie wir früher als Jugendliche nicht
herumgedaddelt haben. Ich kenne Väter, die haben
ganz massive Schwierigkeiten, ihre Jungs vom Rechner wegzubekommen. Das ist wirklich eine irre Entwicklung.

Was macht das mit deiner Ehe?

Es vergeht fast kein Abend, und es gibt auch kaum ein
Telefonat tagsüber, in dem wir nicht über die Kinder
sprechen und über das, was ansteht. Die ganze Kom-
munikation dreht sich im Wesentlichen um das El-
ternsein. Das ist schon schwierig. Meine Frau arbeitet
nicht, wir wollten, dass sie zu Hause ist, solange unser
Jüngster noch in den Kindergarten geht. Das ist auch
so ein Thema, das wir im Grunde vor uns herschieben:
Fängt sie wieder an zu arbeiten? Und was genau? Ich
glaube, sie traut sich nicht so recht zu, dass sie Arbeit
finden könnte, will vielleicht auch gar nicht mehr arbeiten, spürt aber eine gewisse gesellschaftliche Verpflichtung und auch Verpflichtung mir gegenüber.
Gleichzeitig weiß sie wohl, dass sie etwas für sich in

171

der Zeit nach den Kindern finden muss, das steht so unausgesprochen im Raum, wobei ich sie nicht zu irgendetwas dränge.

KAPITEL 10
... IN DER POLITIK

Eigentlich hätten wir Eltern ja eine prominente Verbündete. Sie arbeitet in Berlin, in einem modernen Gebäude mitten im Regierungsviertel, und schon das Messingschild neben der Eingangstür verrät, für wen sie da sein sollte: für die Familien. Manuela Schwesig ist knapp über 40 Jahre alt und hat selbst einen Sohn. Sie hat ihn in der Rushhour ihres Lebens bekommen, da war sie Anfang 30, wohnte noch in Schwerin und startete gerade ihre politische Karriere in der SPD. Schwesig avancierte damals zur jüngsten Ministerin in einem Bundesland. Seit 2013 ist sie Bundesfamilienministerin in Berlin.

Manuela Schwesig sollte also die Lebenssituation vieler Eltern im Land kennen, die Zerrissenheit zwischen Familie und Beruf, die Schwierigkeiten, alles immer unter einen Hut zu bekommen. Während sie in Berlin arbeitet, geht ihr Sohn in Schwerin zur Schule. Ihr Mann bringt ihn morgens hin und holt ihn spätnachmittags wieder ab. Noch im Wahlkampf 2013 hat Schwesig heftig gegen die Familienpolitik der schwarz-gelben Vorgängerregierung gewettert, sie versprach Aufbruch und eine ganz neue Sicht auf die Bedürfnisse der Familien.

Jetzt aber, als Ministerin, ist sie keine Verbündete der Eltern. Eher im Gegenteil. Sie ignoriert den enormen Zeitstress, in dem wir Eltern uns heute schon aufreiben. Sie will vor allem, dass mehr Frauen arbeiten können, und das nicht nur in Teilzeit – was sicher ein wichtiges

Ziel der Familienpolitik ist, aber eben nur eines. Genau wie die Wirtschaft erhöht sie den Druck auf die Eltern eher noch, als dass sie ihn mildert. Im Zentrum ihrer Vorstellungen steht ein Modell, bei dem Väter etwas weniger, dafür Frauen ein ganzes Stück mehr arbeiten. «Familienarbeitszeit» nennt sie das – obwohl das für Familien vor allem bedeuten würde, dass beide Eltern zusammengenommen eher mehr Zeit im Job verbringen, nicht weniger. Und wie alle ihre Vorgängerinnen im Amt tut auch Manuela Schwesig so, als würde den gestressten Familien schon ein wenig mehr Kindergeld, ein wenig mehr Elternzeit, ein paar zusätzliche Kindergartenplätze und flexiblere Arbeitgeber helfen.

Aber so ist es natürlich nicht.

Womit wir mitten im Drama der deutschen Familienpolitik wären. Denn eine wirkliche Politik für Familien ist sie nicht. Die Politiker wissen das auch. Sie haben es sogar schwarz auf weiß, es steht in einem ausführlichen Bericht einer Gruppe von Wissenschaftlern, die im Auftrag der Regierung die Wirkung der vielen Milliarden Euro erkunden sollte, die Deutschland jedes Jahr für die Familien ausgibt. Doch wie manchmal in der Politik, wenn eine Untersuchung nicht das gewünschte Ergebnis bringt, verschwand dieser Bericht nach seiner Veröffentlichung in den Schubladen der zuständigen Ministerialbeamten. Konsequenzen hatte er keine.

Rund 200 Milliarden Euro gibt der Staat jedes Jahr für die Familien aus: unter anderem fürs Kindergeld, fürs Betreuungsgeld, fürs Elterngeld, für die kostenlose Mitversicherung des Ehepartners in der gesetzlichen Krankenversicherung, fürs Ehegattensplitting und vieles mehr. 200 Milliarden Euro sind eine Menge Geld, rund acht Prozent der gesamten Wirtschaftsleistung des Landes. Doch der Effekt ist gleich null. Nur jeder fünfte Deutsche bezeichnet das Land als kinderfreundlich. So unzufrieden sind Mütter und Väter nirgendwo sonst in Europa.

Das erste Dilemma der deutschen Familienpolitik besteht darin, dass eigentlich ganz unklar ist, was sie bezweckt. Eine Weile lang hieß es, die Familienpolitik solle vor allem dazu dienen, dass mehr Kinder geboren werden. Es war die damalige SPD-Familienministerin Renate Schmidt, die 2003 die niedrige Geburtenrate in Deutschland erstmals zum Thema machte. Ihr Plan: Der Staat solle finanzielle Anreize setzen, damit die Menschen wieder mehr Kinder bekämen. Im Oktober 2006 hat Schmidts Nachfolgerin Ursula von der Leyen das Ziel, die Geburtenrate in Deutschland zu steigern, öffentlich formuliert. In einem Papier mit dem Titel «Wachstumseffekte einer bevölkerungsorientierten Familienpolitik» ging die Ministerin davon aus, die Geburtenrate bis zum Jahr 2014 auf 1,7 Kinder pro Frau erhöhen zu können. Mitverantwortlich für dieses Papier war der Bundesverband der Deutschen Industrie (BDI). Wesentliches Ziel der «bevölkerungsorientierten Familienpolitik» müsse es sein, so der Tenor der Studie, «knappe Ressourcen so einzuteilen und zu konzentrieren, dass die wesentlichen Funktionen von Familie – Reproduktion, Unterhaltssicherung, Sozialisation, Daseinsvorsorge – mit ökonomischen Zielen harmonieren können». Deutlicher wurde der ökonomische Druck, unter dem die Familien stehen, selten formuliert. Und offiziell hat sich bis heute niemand von diesem Ziel verabschiedet.

2014 allerdings wurden nur halb so viele Kinder geboren wie noch 1964. Die Geburtenrate in Deutschland ist deutlich niedriger als in anderen westlichen Industrienationen. Die Zahl der kinderlosen Frauen bleibt unverändert hoch, das Alter der Erstgebärenden steigt tendenziell weiter an. Zugleich ist auch die Rollenverteilung weitgehend stabil: Frauen arbeiten halbtags, Männer Vollzeit; Frauen verdienen deutlich weniger als Männer und sind in Führungspositionen weiter massiv unterrepräsentiert.

Wenn das keine Fehlsteuerung ist, was wäre dann eine?

Wenn das kein politisches Versagen ist, was wäre dann eines?

Im Bericht der Wissenschaftler steht, dass manches, wofür in Deutschland Geld ausgegeben werde, für sich genommen schon gut für einige Familien sein könnte – nur würden sich die einzelnen Maßnahmen in der Summe eben widersprechen. Mit anderen Worten: Es ist ein irres Durcheinander. Was vor allem damit zu tun hat, dass die Familienpolitik kein klar definiertes Ziel verfolgt, sondern viele gleichzeitig.

Schauen wir uns die einzelnen familienpolitischen Maßnahmen einmal an. Zum Beispiel das Ehegattensplitting: Als es eingeführt wurde, wollte man verhindern, dass Verheiratete, wenn sie eine gemeinsame Steuererklärung machen, steuerlich schlechter behandelt werden als Nichtverheiratete. Deswegen wird beim Splitting so getan, als würden beide Partner genau gleich viel verdienen. Steuerlich profitiert der Partner mit dem höheren Einkommen vom niedrigen Steuersatz des anderen. Damals kam niemand auf die Idee, dass das Ehegattensplitting auch negative Folgen für die Familien haben könnte.

Heute weiß man: Solange die Männer mehr verdienen als die Frauen, zementiert es die traditionelle Rollenverteilung. Denn finanziell lohnt es sich für viele Frauen nicht, mehr zu arbeiten, wenn der Mann gleichzeitig seine Arbeitszeit reduziert. Anders formuliert: Diese staatliche Maßnahme läuft der erklärten politischen Absicht, mehr Frauen in Vollzeitstellen zu bringen, komplett zuwider.

Beispiel Krankenversicherung: Natürlich profitieren viele Familien davon, wenn ein Ehepartner ohne Job kostenlos in der Versicherung des anderen mitversichert ist. Meist sind es die Frauen, die nach der Geburt der Kinder aufgehört haben, zu arbeiten. Aber diese Frauen rechnen eben auch genau durch, ob es sich für sie überhaupt lohnt, wieder einen Job anzunehmen – und welchen. Denn dann entfiele ja die Beitragsfreiheit. So angenehm die kostenlose Mitversicherung des Ehepartners also sein mag: Sie bremst viele Frauen am Arbeitsmarkt aus – wiederum exakt das Gegenteil dessen, was doch eigentlich Ziel der aktuellen Frauenförderungspolitik ist.

Vieles an dem Durcheinander, das die Wissenschaftler in ihrem Bericht bemängeln, ist über die Jahre hinweg entstanden und manches sicher nicht in böser Absicht. Mag sein, dass man die Nebenwirkungen erst später bemerkt hat. Oder dass man sie in Kauf nehmen musste, weil zur Politik eben immer auch der Ausgleich unterschiedlicher Interessen gehört. Vollkommen absurd wird es jedoch, wenn neue Maßnahmen hinzukommen, bei denen von vorneherein klar ist, dass sie die Widersprüche der Familienpolitik weiter verschärfen.

Zum Beispiel das Betreuungsgeld. 150 Euro im Monat zahlt die Bundesregierung allen Eltern, die ihr Kind nicht in eine Kita schicken und stattdessen zu Hause betreuen. Davon profitieren vor allem gut situierte Mittelschichtspaare, die dieses Geld gar nicht nötig hätten. Das Betreuungsgeld war eine Idee der CSU und wurde im Sommer 2013 unter der damaligen Koalitionsregierung aus CDU/CSU und FDP eingeführt. Obwohl damit das Zuhausebleiben finanziell gefördert wird, gibt der Staat gleichzeitig jedes Jahr mehr als 16 Milliarden Euro für die Kindertagesbetreuung aus. Das ist ungefähr so, als würde die Regierung viel Geld für neue Autobahnen bezahlen – und dann all jenen eine Prämie in die Hand drücken, die sie nicht benutzen. Und mehr noch: Das Betreuungsgeld sorgt weder dafür, dass mehr Kinder geboren werden, noch dafür, dass Frauen mehr und bessere Chancen am Arbeitsmarkt erhalten. Es ist der institutionalisierte Widersinn der deutschen Familienpolitik.

Nun ist das Problem des familienpolitischen Durcheinanders aber nicht nur, dass sich viele Maßnahmen, die der Staat finanziert, in ihrer Wirkung widersprechen. Viel dramatischer ist noch, dass der Staat auf diese Weise unfassbar viel Geld verschwendet. Oder anders formuliert: Weil die Regierung so viel Geld für die Falschen ausgibt, fehlt ihr das Geld, das Richtige zu tun – zum Beispiel Familien mit niedrigem Einkommen zu unterstützen.

Wer sich für Kinder entscheidet, muss sich finanziell einschränken. Und wer sich für viele Kinder entscheidet, muss sich noch mehr einschränken. Wissenschaftler haben berechnet, dass bei einer Familie mit drei und mehr Kindern das durchschnittliche Pro-Kopf-Einkommen um 20 Prozent geringer ist als bei einer Familie mit einem Kind. Diesen Familien würde mehr Kindergeld helfen. Viele junge Eltern in Deutschland brauchen jeden zusätzlichen Euro. Das Kindergeld ist für sie mehr als nur eine kleine finanzielle Unterstützung. Es ist lebensnotwendig. Tatsächlich hatte die Bundeskanzlerin im Wahlkampf 2013 auch eine Erhöhung des Kindergelds versprochen. Doch als Angela Merkel im Herbst 2013 wiedergewählt worden war, wollte sie von einer Kindergelderhöhung nichts mehr wissen. Nun hatte sie neue Prioritäten. Das Betreuungsgeld beizubehalten oder die Mütterrente einzuführen, auch so ein Wahlkampfschlager der Union. Nur für die Kinder, für die war leider nichts mehr übrig.

Die Familienpolitik in Deutschland ist also irgendwie wahnsinnig. Und vor allem: wahnsinnig ungerecht. Einer ihrer schärfsten Kritiker ist der hessische Sozialrichter Jürgen Borchert. Er spricht von der «doppelten Kinder-armut» – weil sich erstens in den vergangenen fünfzig Jahren die Zahl der Kinder halbiert hat und zweitens die Kinderarmut deutlich gestiegen ist. 1965 galt jedes 75. Kind als arm, heute ist es jedes fünfte.

Man sollte meinen, dass die Politik darauf reagiert. Aber das Gegenteil ist der Fall – auch das gehört zum Wahnsinn deutscher Familienpolitik. Beispielsweise kommt das Kindergeld nicht etwa denen am meisten zu-gute, die es am dringendsten bräuchten, sondern denen, die ohnehin schon ganz gut über die Runden kommen. Das liegt daran, dass der Staat zwar für jedes Kind gleich viel Kindergeld zahlt, ganz unabhängig vom Einkommen der Eltern. Zugleich aber können Eltern mit hohen Ein-kommen Abschläge bei der Steuer geltend machen – was dazu führt, dass eine Erzieherin für ihr Kind real nur 184 Euro Kindergeld bekommt, ein Einkommensmilli onär aber 270 Euro. Die Kinder ärmerer Eltern werden also weniger gefördert als die Kinder der Wohlhabenden. Da muss man schon fragen: Wie verrückt ist das denn?

Wem hilft es? Außer der Mittelschicht? Werden deshalb mehr Kinder geboren? Können Familien deshalb besser Beruf und Kinder miteinander vereinbaren?

Und die Ungerechtigkeit geht noch weiter. Der Sozialrichter Borchert spricht gar von einer «Transferausbeutung der Familien», weil das Sozialversicherungssystem keine Kinderfreibeträge, kein Existenzminimum und keine Progression kenne. So kommt es, dass ein Familienbrutto von 50 000 Euro zu einem Nettoeinkommen wird, das nur knapp über dem Hartz-Satz liegt – trotz Kindergeld. «Je weniger Kinder wir haben, desto schlechter werden sie behandelt. Eine der reichsten Nationen der Welt lässt ihren Nachwuchs verkommen», schreibt Borchert in seinem Buch «Sozialstaatsdämmerung».

Man kann also ohne große polemische Zuspitzung sagen, dass die deutsche Familienpolitik das Problem wachsender sozialer Ungleichheit zwischen den Familien nicht abmildert, sondern eher noch verstärkt. Das allein ist schon ein ziemliches Desaster. Aber es ist nicht das einzige. Nicht viel besser sieht es bei den beiden anderen Hauptzielen jeder Familienpolitik aus: mehr Kinder. Und bessere Vereinbarkeit von Familie und Beruf.

Sicher, ab und an veranstaltet die Kanzlerin aus Sorge um die niedrigen Geburtenzahlen im Land einen «Demografiegipfel», bei dem sie von den eingeladenen Experten noch einmal hört, was sie ohnehin schon weiß. An den Geburtenzahlen allerdings ändert sich dadurch rein gar nichts.

Oder ist da Politik ohnehin machtlos? Bekommen die Deutschen immer weniger Kinder, ganz gleich, wie sehr sich die Familienpolitiker auch anstrengen? Schrumpft die Bevölkerung einfach deswegen, weil immer mehr

Männer und Frauen in diesem Land gar keine Kinder wollen oder meinen, ein einziges Kind sei genug? Dann wäre nicht nur die bisherige Familienpolitik vergeblich. Dann müsste man natürlich auch ganz anders auf dieses Land schauen, auf seine Menschen und ihre Bedürfnisse.

Michaela Kreyenfeld ist Soziologin, sie arbeitet am Max-Planck-Institut für demografische Forschung in Rostock, und sie ist mit ihren Kollegen genau diesem Problem nachgegangen: Gibt es eine deutsche «Kultur der wenigen Kinder» – oder hat die niedrige Geburtenrate mit den Defiziten der Familienpolitik zu tun?

Es ist: das Belgien-Experiment.

Kreyenfeld und ihre Kollegen haben sich dazu den Osten Belgiens angeschaut, die Region an der Grenze zur Bundesrepublik, wo die deutschsprachige Minderheit des Landes lebt. Einerseits hat Belgien ein viel größeres Angebot an Kindertagesstätten und Ganztagsschulen als etwa der Westen der Bundesrepublik. Andererseits sind die 75 000 deutschsprachigen Belgier sehr stark von deutschen Normen geprägt: Sie lesen deutsche Zeitungen und sehen deutsches Fernsehen und erleben damit auch den deutschen Diskurs über das Frauen- und Familienbild. Sie hätten also allen Grund, genauso wenig Kinder zu bekommen wie ihre deutschen Nachbarn. Tatsächlich aber liegt die Geburtenrate der deutschsprachigen Region Belgiens deutlich über der in der Bundesrepublik.

Man kann aus dieser Untersuchung gleich mehrere Dinge lernen. Es macht erstens eben doch einen Unterschied, wenn der Staat ein gutes Betreuungsangebot bereitstellt. In Belgien hat man schon in den fünfziger Jahren mit dem Ausbau der Vorschulbetreuung begonnen, seit den siebziger Jahren gehört das Land hier zur

Weltspitze. Und zweitens profitieren davon vor allem die jungen, gut ausgebildeten Frauen: In Belgien bekommen hochqualifizierte Frauen ähnlich viele Kinder wie niedrigqualifizierte, während im Westen der Bundesrepublik die Zahl der Kinder sinkt, je höher der Bildungsgrad der Frauen ist.

Läuft es anderswo also wirklich besser, wie das Belgien-Experiment nahelegt? In kaum einem europäischen Land bekommen die Frauen weniger Kinder als in Deutschland, und nirgendwo sind es mehr als in den skandinavischen Ländern und in Frankreich. Sollten wir es da nicht einfach so machen wie die?

Anne Salles ist Französin, sie forscht an der Universität Paris-Sorbonne und beschäftigt sich schon lange mit den unterschiedlichen Geburtenraten in Europa. Tatsächlich gibt es viel weniger kinderlose Französinnen als kinderlose Deutsche. Gleichzeitig ist der Anteil der Frauen, die Vollzeit arbeiten, in Frankreich viel höher als in Deutschland. Es scheint dort auf den ersten Blick wirklich einfacher zu sein, Familie und Job zu vereinbaren. So hilft der französische Staat bei der Vermittlung von Tagesmüttern, und in vielen Städten gibt es die sogenannten PMI-Zentren (Protection Maternelle Infantile), in denen Eltern kostenlose Unterstützung von Kinderärzten, Psychologen oder Erziehern bekommen. Kinder ab drei Jahren werden in der Vorschule, der École Maternelle, kostenlos ganztagsbetreut.

In Frankreich gibt es außerdem statt des Ehegattensplittings ein Familiensplitting. Das bedeutet, dass wie in Deutschland das Einkommen eines Ehepaares gemeinsam besteuert wird. Aber im Unterschied zur deutschen Regelung wird in Frankreich auch die Zahl der Kinder berücksichtigt. So zahlt man weniger Steuern, je mehr Kinder man hat. Ein großer Unterschied zwischen beiden Ländern ist aber auch, dass sich die französischen Unternehmen finanziell gesehen viel mehr um die Familien kümmern, als es die deutschen Firmen tun: Oft geben sie ihren Angestellten zusätzlich Geld für die Kinder, etwa für Sport oder den Urlaub.

Was man bei diesem Ländervergleich allerdings auch nicht verschweigen darf: In Frankreich ist alles darauf ausgerichtet, dass die Mütter mehr Zeit für die Arbeit haben – und nicht darauf, dass die Eltern mehr Zeit mit ihren Kinder verbringen. Teilzeitarbeit ist in französischen Firmen verpönt. Meetings nach 18 Uhr sind eher die Regel als die Ausnahme – und die Mütter sind ganz selbstverständlich dabei. Die Väter wiederum kümmern sich um ihre Karriere – und das war's dann auch schon.

Sosehr sich in Frankreich der Staat und die Unternehmen also darum bemühen, dass Eltern finanziell unterstützt werden und Frauen gleichberechtigte Arbeitskräfte sein können: Eine wirkliche Lösung für das Vereinbarkeitsproblem der Familien bieten uns unsere Nachbarn auch nicht an. Und wie sieht es in den skandinavischen Ländern aus, die immer als Vorbilder genannt werden?

In Norwegen wurde 1993 eine Väterquote eingeführt: Zehn Wochen Elternzeit sind allein für den Vater vorgesehen und können nicht auf die Mutter übertragen werden. Das hat zwar den Druck auf die Väter enorm erhöht. Aber es hat eben auch all jene Muffel überzeugt, die sich davor überhaupt nicht vorstellen konnten, für ihr Baby genauso selbstverständlich da zu sein wie die Mutter. Der Haken daran: Das Vatersein endet ja nicht nach zehn Wochen. Das Kümmern wird nicht weniger. Und deswegen mag die Elternzeit zwar vielen Vätern die Augen öffnen, eine wirkliche Verbesserung für die Familien ist sie aber auch nicht.

Wenn man Familienministerin Manuela Schwesig fragt, an welchem Land sich Deutschland orientieren sollte, dann sagt sie: an Schweden. In Schweden ist die Gleichberechtigung gesellschaftlich akzeptiert, selbst männliche Politiker bezeichnen sich dort als «feministisch». Der Mangel an Zeit ist als Hauptproblem der Familien erkannt, deshalb geht es dem Staat vor allem darum, die Familien dabei zu unterstützen, sich Zeit zu «erkaufen». Sei es, indem sie Geld für die Kinderbetreuung oder für eine Putzhilfe bekommen. Oder sei es, dass der Staat gezielt Projekte fördert, die das Leben von Familien ein wenig einfacher machen. Viele Eltern lassen sich zum Beispiel inzwischen den wöchentlichen Großeinkauf nach Hause liefern. Auch das unterstützt der schwedische Staat.

Statt von Familienpolitik spricht man in Schweden vom sogenannten Lebenspuzzle aus Elternschaft, Arbeit, dem Zuhause und der Gleichberechtigung. «In Skandinavien richtet sich die Familienpolitik seit den 1970er Jahren auch an die Väter», sagt der Geschlechtersoziologe Michael Meuser. «Jetzt, 40 Jahre später, kann man sehen, dass sich neue Selbstverständlichkeiten herausgebildet haben.»

Vergleicht man die Geburtenraten von Schweden und Deutschland miteinander, fallen zwei Dinge auf: Bei den unter 30-jährigen Frauen ist die durchschnittliche Kinderzahl in beiden Ländern vergleichsweise gering. In Deutschland liegt sie bei 0,6 (West) und 0,7 (Ost) Kindern je Frau, in Schweden bei 0,8 Kindern je Frau. Bei den über 30-Jährigen dagegen hat Schweden die Nase deutlich vorn – hier bringt jede Frau im Schnitt 1,1 Kinder zur Welt, deutlich mehr als in der alten Bundesrepublik (0,8) und im Osten Deutschlands (0,7). Offenbar ist es für die Schweden kein Problem, gerade in der Rushhour des Lebens noch Eltern zu werden.

Die Reaktion der deutschen Politiker auf das schwedische Vorbild lautet: Elterngeld. Es gilt ihnen als Beispiel dafür, wie sehr die deutsche Politik inzwischen die Belange der Familien im Blick habe. Und es stimmt in gewisser Weise ja auch: Als das Elterngeld im Jahr 2007 eingeführt wurde, hätte wahrscheinlich niemand erwartet, dass so viele Väter darüber nachdenken würden, einige Monate zu Hause zu bleiben, um sich um das Neugeborene zu kümmern. Das Elterngeld und die damit verbundene Möglichkeit der Vätermonate hat in Deutschland einen Mentalitätswandel eingeleitet. Zum ersten Mal in der Geschichte der Bundesrepublik wird mit einer familienpolitischen Maßnahme der Wiedereinstieg von Müttern in den Beruf gefördert, statt ihn zu erschweren. Erstmals gibt es auch Geld für Väter, die sich um ihre Kinder kümmern wollten.

Fünf Milliarden Euro im Jahr ließ sich der Staat bisher das Elterngeld kosten. Allein: Die Vereinbarkeit in den Familien verbesserte das nicht. Und es sorgte auch nicht dafür, dass sich die Eltern die Babyfürsorge wirklich partnerschaftlich teilen. Denn 70 Prozent der Väter nehmen überhaupt keine Elternzeit. Und von den Vätern, die sie nehmen, entscheiden sich vier von fünf für die kürzestmögliche Dauer – zwei Monate. In vielen Fällen lässt es der Arbeitgeber auch gar nicht zu, dass der Mann länger pausiert.

Hinzu kommt: In vielen Familien verdient der Mann immer noch deutlich mehr als die Frau – und das gilt gerade für jene Paare, die jeden Euro zum Leben brauchen. Sie können auf das Gehalt des Mannes nicht verzichten, das Elterngeld ist kein gleichwertiger Ersatz. Das heißt: Man muss sich das Aussteigen auch leisten können. Eine Akademikerin kann es sich womöglich erlauben, ein Jahr lang von zwei Dritteln ihres Gehalts zu leben. Eine Supermarktkassiererin schon weniger. Und Freiberufler und Selbständige werden sich zweimal überlegen, ob sie mehrere Monate pausieren können – vor allem dann, wenn es ganz alleine von ihnen abhängt, wie viel Umsatz ihr Geschäft macht.

In Wahrheit ist das Elterngeld bloß eine weitere gute Idee, die allein auf die Bedürfnisse von festangestellten Mittelschichtsdeutschen zugeschnitten ist.

Doch wie reagieren unsere Familienpolitiker darauf? Mit der nächsten Idee: Als die neue Ministerin Manuela Schwesig nach der Bundestagswahl 2013 ihr Amt antrat, propagierte sie schon nach wenigen Wochen die 32-Stunden-Woche für Familien. Beide Elternteile sollten die Chance haben, weniger zu arbeiten, um mehr Zeit für die Familien zu haben, so Schwesig. Die Väter würden ihre Arbeitszeit reduzieren, die Mütter hätten die Möglichkeit, entsprechend aufzustocken. Das klang verlockend. Tatsächlich aber würde in Schwesigs Wunschwelt das Chaos in den Familien gar nicht kleiner werden. Denn die sogenannte Familienarbeitszeit reduziert ja nicht die Zeit, die Familien insgesamt für die beiden Jobs von Vater und Mutter aufbringen müssen. Die ohnehin knappe Zeit wird allenfalls anders verteilt.

«Frauen, geht mehr arbeiten!», überschrieb die *Frank-*

furter Allgemeine Sonntagszeitung im April 2014 ein Gespräch zwischen Manuela Schwesig und Eric Schweitzer, dem Präsidenten des Deutschen Industrie- und Handelskammertages (DIHK). Sicher, die Headline haben sich die Journalisten ausgedacht, nicht die Interviewten. Es war auch kein wörtliches Zitat. Aber die Zeile traf den Kern der Sache. Über das Hauptanliegen nämlich herrschte zwischen der sozialdemokratischen Ministerin und dem Wirtschaftsfunktionär überhaupt kein Streit.

«Wir müssen von Modellen wegkommen, bei denen ein Partner Vollzeit arbeitet und der andere Teilzeit mit wenigen Stunden», sagte Schweitzer. «Beide sollten möglichst viel arbeiten können. Wenn man es sinnvoll organisiert, dann könnte der eine auf 35 Stunden reduzieren und der andere auf 35 Stunden aufstocken. In der Summe ist das immer noch mehr, als wenn der Mann 40 Stunden arbeitet und die Frau nur halbtags.» Worauf ihm die Ministerin beinahe jubelnd zustimmte: «Wunderbar. Genau das ist meine Idee von der Familienarbeitszeit.»

Es gibt eben ein enormes volkswirtschaftliches Interesse daran, dass Frauen arbeiten. Alle Frauen, und alle noch mehr als bisher. Ebenso die Männer. Was das für die Familien bedeutet, kümmert im Grunde niemanden.

Das ist die große gesellschaftliche Ungerechtigkeit der Familienpolitik: Sie erhöht den Druck auf alle Familien, hat bei ihren finanziellen Leistungen aber vor allem die Mittelschicht im Blick – und selten die Geringverdiener. Sie unterstützt all jene, die sich im Zweifel noch fremde Hilfe dazukaufen können. Aber sie vernachlässigt all jene, die das nicht können.

Diese Vernachlässigung beginnt in den Kitas, wo es inzwischen zwar viel mehr Krippenplätze gibt als noch vor einigen Jahren – aber die Qualität der Kinderbetreuung dummerweise nicht im gleichen Maß gestiegen ist. Seit August 2013 gilt in Deutschland der Rechtsanspruch auf einen Krippenplatz, und deshalb wurden eilig sehr viele Plätze geschaffen. Doch darüber, wie es in den Kitas eigentlich aussehen müsste, reden die Politiker erst jetzt. Viel zu spät für viele Kinder.

In einer großangelegten Studie hat die Bertelsmann-Stiftung untersucht, wie es in den einzelnen Bundesländern in den Kitas zugeht. Die Wissenschaftler empfahlen, dass bei den unter Dreijährigen eine Erzieherin oder ein Erzieher für höchstens drei Kinder zuständig sein solle. Denn nur dann hätten sie wirklich Zeit, mit den ganz Kleinen zu sprechen, sie in den Arm zu nehmen, sie vorsichtig anzuleiten – und auch ihre vollen Windeln schon dann zu wechseln, wenn sie gerade erst vollgemacht worden sind. Tatsächlich aber müssen sich die Erzieher in den bundesdeutschen Kitas um viel mehr Kinder kümmern: In Sachsen-Anhalt, Sachsen und Brandenburg zum Beispiel sind es sieben Kleine, die von einem Erwachsenen gleichzeitig umsorgt werden sollen. Und das ist nur die durchschnittliche Quote. In Wahrheit sind die Zahlen viel höher, weil die Erzieher ja auch mal krank werden oder Urlaub haben oder eine Fortbildung besuchen. Und weil es dann meist keinen Ersatz gibt, müssen die Kinder in dieser Zeit eben von weniger Erziehern betreut werden.

Mindestens 120 000 Erzieher und Erzieherinnen müssten laut der Bertelsmann-Studie bundesweit zusätzlich eingestellt werden. Fünf Milliarden Euro würde das kosten. Aber dieses Geld wollen die Politiker nicht ausgeben. Ausbaden müssen das die Kinder.

Und die Misere setzt sich fort: zum Beispiel an den staatlichen Grundschulen, die vor allem in den Groß-städten so miserabel ausgestattet sind, dass viele Eltern ihre Kinder dort nicht mehr hinschicken wollen. Zu we-nige Lehrer, frustrierte Direktoren und Klassenzimmer, die schon längst einen neuen Anstrich und eine bessere Ausstattung bräuchten: An den Schulen spüren die Fa-milien jeden Tag, wie sehr der Staat an ihnen spart. Wer es sich leisten kann, entflieht den staatlichen Schulen. Schickt seine Kinder auf eine Privatschule. Oder finan-ziert ihnen wenigstens eine Nachhilfelehrerin, die auch mal Zeit hat und sich in Ruhe kümmern kann. Wer es sich nicht leisten kann, muss eben schauen, dass seine Kin-der irgendwie durchkommen.

Das geht zuallererst einmal zu Lasten der Kinder. Rund sechs Prozent der Schüler eines Jahrgangs in Deutschland machen überhaupt keinen Abschluss. Jedes Jahr sind das mehr als 50000 Mädchen und Jungen. Jedes fünfte Kind gilt inzwischen als verhaltensauffällig. Manchmal hat das mit einem zerrütteten Elternhaus zu tun, manchmal damit, dass die Kinder viel zu viel Zeit vor dem Fernse-her verbringen, manchmal kommt alles zusammen. In jedem Fall aber gibt es viel zu wenig Lehrer und Erzie-her, die sich um diese Kinder kümmern. Und die Politik ignoriert das Problem: Die Bildungsausgaben stagnieren. Deutschland lässt seine Problemkinder allein.

Dabei ist es nicht so, dass es dem Staat an Geld fehlen würde. Deutschland ging es in den vergangenen Jahren gut, die Steuereinnahmen waren so hoch wie nie. Man hätte also durchaus investieren können: in Kitas. In Er-zieherinnen und Erzieher. In Lehrerinnen und Lehrer. Man hätte auch die Schulen modernisieren können. Im-

189

merhin ist es inzwischen ja allgemein bekannt, wie wichtig es für ein Land ist, in seine Kleinsten zu investieren und ihnen Lebenschancen zu ermöglichen.

Es ist jetzt mehr als zehn Jahre her, dass die erste PISA-Studie die deutsche Öffentlichkeit schockierte. Damals, im Dezember 2001, hielten uns Wissenschaftler vor, wie es an den Schulen wirklich aussah: Jeder vierte 15-Jährige konnte nicht richtig lesen und schreiben. Und die Leistungen der Schüler in Mathematik, Deutsch und Naturwissenschaften waren im internationalen Vergleich nur unterdurchschnittlich. Allein in einem Punkt lag Deutschland vorn: bei der Bildungsungerechtigkeit.

Die Politiker reagierten darauf erst verstört. Und wurden dann hektisch. An den Schulen wurde Neues probiert und Altes verworfen, man legte Klassen jahrgangsübergreifend zusammen, schickte die Jüngsten ein Jahr früher in die Schule und verkürzte bei den Gymnasiasten die Zeit bis zum Abitur. Die Ergebnisse der PISA-Studie erhöhten den Druck auf die Politiker, also erhöhten die Politiker den Druck auf die Schulen. Und am Ende kam alles als zusätzlicher Druck bei den Familien an.

Im Grunde leben wir Eltern im Versuchslabor. Schon seit den siebziger Jahren werde das deutsche Schulsystem «in beispielloser Weise von politischen Reformwellen heimgesucht», meint der *FAZ*-Autor Jürgen Kaube: «Sie über- und unterspülen mit so hoher Frequenz die Schule, dass inzwischen nur noch Verwaltungsspezialisten und Bildungshistoriker wissen, welche Regeländerungen gerade in Kraft getreten sind, welche sich, kaum dass man sich an sie gewöhnt hat, schon wieder auf dem Rückzug befinden und welche nach kurzer Abwesenheit unter anderem Etikett neuerlich Druck auf Unterricht

190

und die Schulorganisation ausüben. Geändert, rückgängig gemacht und erneut geändert wurde an den Schulen in den vergangenen vierzig Jahren – alles.»

Natürlich kann man ganze Bücher über den Sinn und Wahnsinn deutscher Schulpolitik schreiben. Aber das ist nicht unser Punkt. Uns geht es darum, auf den Zusammenhang zwischen Schulpolitik und Familienpolitik hinzuweisen. Oder auf den zwischen Familienpolitik und Steuerpolitik. Anders gesagt: Was wir Eltern bräuchten, wäre eine Familienpolitik, die das wirkliche Leben der Familien berücksichtigt. Sie würde junge Eltern – die womöglich gerade dabei sind, in ihren Jobs Fuß zu fassen – anders unterstützen als Paare mit älteren Kindern, die zum Beispiel gerade die Pflege von Oma und Opa organisieren müssen. Sie müsste den Anspruch haben, zum Beispiel auch die Arbeitswelt zu verändern. Denn sie würde versuchen, ganz unterschiedliche, heute scheinbar voneinander unabhängige Politikfelder miteinander zu verknüpfen: die Arbeitsmarktpolitik, die Gesundheitspolitik, die Wirtschafts- und Finanzpolitik. Eine gute Familienpolitik wäre so vielfältig wie das Leben selbst.

Noch sind wir davon weit entfernt. Tatsächlich unterliegt die bisherige Familienpolitik in Deutschland einem großen Irrtum. Sie geht davon aus, dass Mann und Frau völlig unabhängig voneinander – und auch unabhängig von der Zahl der Kinder, die sie zu versorgen haben – genug Geld zum Leben verdienen können. Aber das funktioniert nicht. Es funktioniert auch in keinem anderen europäischen Land. In Schweden etwa lebt ein Drittel der Kinder von Alleinerziehenden in relativer Armut – und nur durch staatliche Subventionen wird das etwas abgefedert. Aber auch in Schweden wird, wie bei uns in Deutschland, an der Erwartung festgehalten, dass jeder Vater und jede Mutter von einem einzigen Einkommen sich selbst und mindestens noch ein Kind ernähren kann. Dass dies ein Irrtum ist, davor verschließt die Politik die Augen.

Familienpolitik war in Deutschland jahrzehntelang vor allem Frauenpolitik, und deshalb ging es den Politikern darum, mehr Frauen in Jobs zu bekommen – und so die Emanzipation weiter voranzutreiben. Für Singles klappte das auch ganz gut: Wer heute allein lebt und für niemand anderen finanziell verantwortlich ist, kann in der Regel vom eigenen Einkommen leben, und zwar Frauen wie Männer gleichermaßen. Nur ändert sich das eben drastisch, sobald ein Kind dazukommt. Selbst eine junge Akademikerin kommt als alleinerziehende Mutter nur schwer über die Runden. Jede junge Mutter, die sich dafür entscheidet, ein Kind allein großzuziehen – wie das in Berlin und anderen Großstädten viele Frauen tun –, weiß im Grunde von vornherein, dass sie mit ihrem Kind in relativer Armut leben wird. Doch unsere Gesellschaft weigert sich bis heute, darauf eine Antwort zu geben.

Dabei gibt es Vorschläge, Konzepte, Ideen. Etwa die Idee einer Kindergrundsicherung. Der Familiensoziologe Hans Bertram hat dieses Modell entwickelt. Danach müssten Alleinerziehende zwar für ihren eigenen Lebensunterhalt aufkommen, auch zum Teil für den ihrer Kinder. Aber der Staat würde sicherstellen, dass kein Kind arm aufwachsen muss. Bertram denkt an eine Kindergrundsicherung von bis zu 350 Euro monatlich, die man von der Steuer absetzen könnte. Bei Familien, die Hartz IV beziehen, käme das Finanzamt für die Grundsicherung auf. Es gäbe also auch keine Hartz-IV-Kinder mehr. Der Kinder-schutzbund hat vorgeschlagen, weitere 200 Euro im Mo-nat für Bildungsgutscheine draufzuschlagen: Mit diesen Gutscheinen könnten Eltern dann den Sportunterricht ihrer Kinder oder auch die Nachhilfestunden bezahlen.

Warum findet diese Idee unter den Familienpolitikern der großen Koalition keine Mehrheit? Ganz einfach: weil sie auch von den Grünen propagiert wird. Und damit geht es für die Regierungsparteien CDU/CSU und SPD gar nicht mehr um den Sinn dieser Idee, sondern nur darum, dass sie aus der falschen politischen Ecke kommt. So kann man viele Politikfelder durchdeklinieren, in de-nen sich die Beharrungskraft überholten Denkens zeigt. In der Konsequenz heißt das, dass jeder Einzelne sehen muss, wie er oder sie allein über die Runden kommt.

Würde die Familienpolitik tatsächlich das Wohl der Familien im Blick haben, dann müsste sie auch an die bisherigen Karrieremuster in der Arbeitswelt ran. Im Pri-vaten kann heute in Deutschland jeder weithin selbst entscheiden, wie er sein Leben gestalten möchte – ge-mäß seinen individuellen Vorstellungen, seiner sexuellen Orientierung, seinen eigenen Werten. Hier akzeptiert die Gesellschaft eine enorme Variationsbreite, und der Staat respektiert sie, macht jedenfalls seine Sozialleistungen nicht mehr davon abhängig, wie jemand lebt. Unser Pri-vatleben hat in den vergangenen Jahrzehnten, in den Worten des Soziologen Ulrich Beck, eine «strukturelle Individualisierung» erlebt. Doch diese Form der struk-turellen Individualisierung fehlt im Berufsleben völlig. Dort gibt es immer noch sehr klare, meist sehr starre Kar-rieremuster. Wer sich daran hält, kommt voran. Wer sie ignoriert, ist draußen.

«Das Leben ist wie eine Bergwanderung», schreibt die Autorin Evelyn Holst. «Für jede Phase braucht es ein anderes Tempo, eine andere Gangart, anderes Schuhwerk.» Ein schöner Vergleich ist das. Und dann schaut man sich an, wie die meisten Berufswege heute verlaufen, und stellt fest, dass wir doch alle immer die gleichen Schuhe tragen und immer das gleiche Tempo gehen.

Unser individualisiertes Privatleben und die starren Karrieremuster des Berufslebens passen schon lange nicht mehr zusammen. Solange wir jedoch an diesen starren Karrieremustern festhalten, ist der Druck unglaublich groß, im Alter zwischen 20 und 25 die richtigen beruflichen Entscheidungen zu treffen, und sich dann bis Anfang 40 voll reinzuhängen. Wer es bis dahin nicht geschafft hat, der wird es gar nicht mehr schaffen. Und natürlich denkt in dieser Lebensphase dann niemand mehr daran, auch noch Kinder zu bekommen.

Warum also gibt es nicht offenere Lebenswege, verzweigtere Karrierepfade, die auch später noch ein Umkehren oder andere Abzweigungen zulassen? Warum sollte eine junge Erzieherin nicht nach zehn Jahren im Beruf noch einmal zwei, drei Jahre studieren können und anschließend als Lehrerin arbeiten? Dann wäre sie auch erst Ende zwanzig, Anfang dreißig. Bislang geht das nur, wenn ihre Eltern das bezahlen. Bafög gibt es lediglich für die Erstausbildung. Eine Erzieherin, deren Eltern kein Studium finanzieren können, bleibt so ein Leben lang auf der einmal gewählten Spur.

Dabei ließe sich der Gedanke noch fortspinnen: Warum sollte diese Erzieherin nicht mit 45 noch Jura studieren, mit 50 Staatsanwältin sein, mit 55 Richterin und dann Recht sprechen, bis sie 75 Jahre alt ist?

Gerade wenn man im öffentlichen Dienst Karriere machen will, kommt man heute nur dann weiter, wenn man bestimmte Ausbildungen durchlaufen, bestimmte Fortbildungen absolviert, bestimmte Dienstzeiten vorzuweisen hat. Es existiert ein historisch gewachsenes, fein ausdifferenziertes Karrieresystem mit genau definierten Beförderungsprinzipien, das im Grunde jeden, der unterbricht oder abweicht, rausschmeißt. Und es ist ein schlechter Witz, dass der Staat nicht einmal hier – wo er als Arbeitgeber doch sehr leicht die Rahmenbedingungen im Sinne der Familien verändern könnte – willens ist, wirklich etwas für die berufstätigen Eltern zu tun. Zumal die Folgen messbar sind: Noch 1990 bekamen Frauen im öffentlichen Dienst im Schnitt 1,9 Kinder. Heute bekommen sie später Kinder – und weniger: Im Schnitt sind es nur noch 1,5.

Schon vor etwa zehn Jahren hat der frühere niederländische Ministerpräsident Wim Kok in einem Bericht für die Europäische Kommission beschrieben, wie man die Arbeitswelt so modernisieren könnte, dass man auch in der Mitte des Lebens Zeit für sich selbst oder die Familie fände. Kok schlug vor, einen Teil der Rente nicht erst am Ende des Berufslebens auszuzahlen, sondern auch schon vorher, zu einem selbst gewählten Zeitpunkt. Wer wolle, könne mit dieser vorgezogenen Rente ein Studium finanzieren. Oder auch eine Umschulung. Und wer Kinder großziehe und daher beruflich kürzertreten wolle, könne das ebenfalls tun. Die entsprechenden Jahre würden dann später einfach hinten drangehängt.

Natürlich brauchte man für so ein Modell ein ganz anderes Verständnis des Zusammenspiels von Leben und Arbeiten. Andere Länder haben das: In Schweden zum

Beispiel hat man die Familienpolitik nie allein als Frauenpolitik verstanden, sondern immer auch im Kontext von Arbeitszeitmodellen und der steigenden Lebenserwartung der Bevölkerung diskutiert. In Deutschland dagegen wird gern der Eindruck vermittelt, es genüge vollkommen, nur ein bisschen am Elterngeld herumzuschrauben. Aber das stimmt natürlich nicht.

Eine moderne Familienpolitik müsste viel größer denken. Mutiger. Radikaler.

Wahrscheinlich braucht es eine staatliche Grundsicherung für Kinder.

Wahrscheinlich braucht es eine fundamentale Veränderung von Berufsbiographien und Lebenswegen.

Wahrscheinlich braucht es eine gewaltige Kampagne dafür, Kinder nicht immer später zu bekommen, sondern früher. Am besten während des Studiums. Der Staat müsste sich das etwas kosten lassen.

Und wahrscheinlich muss sich die Politik endlich an das Lohngefälle zwischen Männern und Frauen heranwagen. Denn das ist in Deutschland so groß wie in keiner anderen westlichen Industrienation.

Bei zwei Dritteln der Elternpaare in Deutschland hat der Mann einen höheren Anteil am Haushaltseinkommen als die Frau. Und weil das so ist, wird es auch nicht ausreichen, wenn man diesen Familien vorschlägt, sich einfach nur die Zeit anders einzuteilen. Denn gegen die Idee, dass der Vater weniger arbeitet und die Mutter dafür ein wenig mehr, sprechen harte wirtschaftliche Gründe. Fachleute nennen es den «Gender Pay Gap»: die ungleiche Bezahlung von Männern und Frauen am Arbeitsmarkt.

Da ist zum einen die ungleiche Bezahlung zwischen

Männern und Frauen, die im selben Unternehmen oder in derselben Branche den gleichen Job erledigen. Da ist vor allem aber die ungleiche Bezahlung zwischen jenen Berufen, die hauptsächlich von Männern ausgeübt werden, und den typischen Frauenjobs. Ein Beispiel: An den Grundschulen im Land lehren sehr viele Frauen; in der Autoindustrie wiederum arbeiten sehr viele Männer. Die Stundenlöhne in der Autoindustrie jedoch liegen deutlich höher als das, was eine Lehrerin an der Grundschule verdient. Und das bedeutet: Wenn nun der Mann weniger arbeiten würde und die Frau im Gegenzug mehr, würde das gemeinsame Haushaltseinkommen sinken. Eine Familie, die das anstrebt, würde sich also komplett irrational verhalten.

Im Umkehrschluss heißt das, dass sich die ungleiche Verteilung von Hausarbeit und Arbeit im Job nur auflösen lässt, wenn sich die Einkommen von Männern und Frauen annähern. Die Lohnungleichheit ist also ein familienpolitisches Problem, um das sich eigentlich auch die Arbeitsministerin oder der Wirtschaftsminister kümmern müssten. Das tun sie aber nicht.

Stattdessen gibt es ab Juli 2015 das neue Elterngeld Plus. Es muss nicht mehr am Stück genommen werden, wie es bisher beim Elterngeld die Vorgabe ist. Und es ist auch möglich, die Elternzeit in drei Blöcke aufzuteilen – zum Beispiel ein Jahr nach der Geburt, ein Jahr während der Kindergartenphase und ein Jahr in der Schulzeit. Natürlich werden mit dem neuen Elterngeld Plus noch mehr Väter als bisher versuchen wollen, in Elternzeit zu gehen. Und wie bisher schon werden die meisten Firmen sie nicht ersetzen und die Arbeit stattdessen auf die anderen Mitarbeiter verteilen, die das auffangen müssen.

Eine ziemlich miese Stimmung dürfte das in diesen Firmen verursachen. Und womöglich führt es dazu, dass sehr viele Väter, die gern länger in Elternzeit gehen würden, es am Ende dann doch nicht tun.

Solange die Bundesregierung das Ehegattensplitting beibehält, wird es auch weiter so sein, dass sich Väter und Mütter die Elternzeit nicht partnerschaftlich aufteilen. Ganz einfach, weil es sich finanziell nicht lohnt. Bleibt das Ehegattensplitting bestehen, zementiert das neue Elterngeld Plus nur die alte Rollenverteilung zwischen Mann und Frau. Familienministerin Manuela Schwesig weiß das auch: Noch im Wahlkampf hatte ihre Partei, die SPD, gefordert, das Ehegattensplitting zu streichen oder zumindest deutlich zu kappen. Nun aber, da die SPD unter einer CDU-Kanzlerin mitregieren darf, bleibt alles beim Alten. Und Manuela Schwesig, die mal für einen Aufbruch stand, verwaltet eine von CDU-Positionen bestimmte Familienpolitik – inklusive Betreuungsgeld und alldem Durcheinander, dass die Wissenschaftler in ihrer Studie kritisierten.

Die aktuelle Familienministerin schweigt dazu. Und auch ihre Vor-Vorgängerin Ursula von der Leyen, die immerhin sieben Kinder bekam und gleichzeitig Medizin studieren konnte, die danach als Ärztin arbeitete und später eine politische Karriere machte, war keine Super-Mutter, sondern: eine Vereinbarkeitslügnerin. Denn im Unterschied zu den allermeisten Frauen heute musste von der Leyen ihr Studium nicht durchpeitschen, sie ließ sich im Gegenteil sogar sehr viel Zeit – 20 Semester. Nach dem dritten Kind brach sie ihre Ausbildung zur Fachärztin freiwillig ab. Und als Ärztin hat von der Leyen später kaum gearbeitet.

Die einzige Ministerin, die wirklich offen über ihre Situation gesprochen hat, war Kristina Schröder, die Nachfolgerin von der Leyens und Vorgängerin Schwesigs – allerdings packte sie erst ein Jahr nach ihrem Rücktritt aus. «Ich erinnere mich an eine Situation: Meine Tochter Lotte war anderthalb Jahre alt, und wir haben die Eingewöhnung in die Kita gemacht. Ich hatte mir dafür extra die Fastnachtswoche frei gehalten», sagte sie in einem Interview mit dem *Süddeutsche Zeitung Magazin.* «Und dann kam am Tag vorher ein *Spiegel*-Titel raus: ‹Die deutsche Familienpolitik ist gescheitert› oder so ähnlich. Also stand ich die ganze Zeit in der Kita im Flur mit dem Handy am Ohr und hing in Telefonkonferenzen fest. Als ich abends zur Ruhe kam, war ich einfach nur traurig, weil ich mir dachte, dieser Tag kommt so nicht noch einmal und ich hätte sehr gerne so viel mehr davon mitbekommen.»

Sie habe «rabiat um jedes freie Wochenende, jeden freien Abend gekämpft», erzählte Schröder. «Aber dennoch gab es Tage, an denen ich morgens aus dem Haus ging, und sie hat noch geschlafen, und abends heimkam, und sie hat schon geschlafen.» Und diese Tage hätten sie «schon lange vorher traurig gemacht».

Schröder sprach, wie sie als Ministerin nie gesprochen hatte: «Ein Job frisst Zeit, und die Zeit fehlt Ihnen mit Ihrem Kind – das gilt übrigens für Frauen und Männer gleichermaßen.» Oder: «Keine Betreuungseinrichtung der Welt kann etwas daran ändern, dass ich eine Stunde, die ich am Schreibtisch sitze, nicht mit meinem Kind auf dem Spielplatz sein kann. Man kann beides miteinander verbinden, aber man kann nie in beiden Bereichen hundert Prozent geben.»

Geht alles gar nicht.

So viel Ehrlichkeit hätten wir uns schon viel früher ge-
wünscht. Gerade von der Politik.

Martin (42):

«Ich will sie ja nicht mit meinem Frust belasten»

Bist du glücklich?

Zu Hause ja. Im Job eher nicht.

Warum nicht?

Ich fühle mich teilweise unterfordert, und die Arbeits-
abläufe sind manchmal unglaublich zermürbend. Ich
arbeite im öffentlichen Dienst, und da ist es schon ein
wenig so, wie man sich den öffentlichen Dienst eben
vorstellt. Ich würde eigentlich lieber wieder in einem
Unternehmen arbeiten, in einem Bereich, wo es dyna-
mischer zugeht und mehr Verantwortung übertragen
wird. Aber mit Kindern ist der öffentliche Dienst ideal.

Was arbeitest du?

Ich war fünf Jahre bei einem großen Sportartikelher-
steller, wo überwiegend Englisch gesprochen wurde
und die Welt in Märkte unterteilt war. Dort habe ich
Sportmarketing gemacht, ich war viel unterwegs, war
für Teams und größere Budgets verantwortlich. Jetzt
arbeite ich seit zwei Jahren an einer Hochschule im
öffentlichen Dienst. Diese Stelle ist absolut arbeitneh-
merfreundlich. Es gibt eine klare Grenze zwischen der
Arbeitszeit und der privaten Zeit, und die Personalstel-
le weist einen sehr genau darauf hin, welche Rechte
man hat, wenn es um die Familie geht. Das habe ich in
der freien Wirtschaft so nie erlebt.

Wie lebst du?

Ich habe drei Kinder. Meine Frau hat vor einem Jahr

wieder angefangen zu arbeiten, 30 Stunden in der Woche. Unsere ganze Familiensituation hat sich total entspannt, seit ich an der Uni arbeite, weil alles viel planbarer ist, die Nachmittage, die Abende, die Wochenenden. Es gibt kaum noch Dienstreisen, in der Regel keine Arbeit über 18 Uhr hinaus. Und so eine unbefristete Stelle im öffentlichen Dienst strahlt natürlich auch eine unglaubliche Sicherheit aus. Die Rahmenbedingungen meiner Arbeit sind optimal, und das wirkt sich auch auf unser Zuhause aus. Aber die Arbeit selbst empfinde ich meistens als öde und anspruchslos. Es ist ein Kompromiss zwischen Familie und Job. Aber zum Vorteil der Familie.

Wie sieht dein Alltag aus?

Ich bringe morgens oft die Kinder in die Schule und in die Kita, meine Frau holt sie nachmittags ab. Wenn es sein muss, kann ich aber ohne Probleme früher von der Arbeit gehen, da sagt keiner was. Es ist eher so, dass ich selbst dann ein schlechtes Gewissen habe und denke, was jetzt wohl die anderen denken könnten. Neulich musste ich die Kinder nachmittags abholen und mich um sie kümmern. Und es war bei der Arbeit überhaupt kein Thema, dass ich dann mal eine Woche lang am Nachmittag schon um drei gehen musste.

Glaubst du, dass ist typisch für den öffentlichen Dienst? Oder hast du einfach nette Kollegen?

Das hat schon viel mit dem öffentlichen Dienst zu tun, weil hier die Arbeitnehmerrechte so viel zählen und auch sehr auf diese Rechte geachtet wird. Es ist ja nicht so, dass sich hier jeder einfach rausnimmt, was ihm zusteht. Das ist eine Kultur des gegenseitigen Zulassens, und es wird schon sehr auf die Vereinbarkeit von Familie und Beruf geachtet. Allerdings habe ich hier auch einen Chef, der selbst zwei Kinder hat und sehr viel zubilligt und versteht.

Weiß deine Frau, wie unzufrieden du mit der Arbeit bist?

Ja. Wir reden auch darüber. Ich erzähle viel zu Hause, manchmal denke ich, ich erzähle sogar viel zu viel. Ich will sie ja nicht mit meinem Frust belasten. Es ist eher so, dass sie mich ermutigt, mich doch noch einmal umzuschauen und wieder in einem anderen Bereich zu arbeiten. Aber mir fällt das schwer.

Wieso?

Na ja, im Unterschied zu früher habe ich jetzt ja nicht ständig das Gefühl, die Familie würde zu kurz kommen. Ich verbringe viel Zeit mit meinen Kindern. Und eigentlich will ich noch viel mehr Zeit für sie haben. Aber das ist wahrscheinlich eine ganz normale Reaktion. Wenn etwas sehr schön ist, möchte man eher noch mehr davon.

KAPITEL 11
... UNTER DEN FRAUEN

Nennen wir sie Agnes. Eine Frau Mitte 40, helle Bluse, dunkle Hose, kleines Reisegepäck. Sie sitzt im Zug von Berlin nach Hamburg, den Laptop aufgeklappt, eine Businessfrau unter Businessmännern. Wir sind ins Gespräch gekommen, weil der Zug mitten auf der Strecke angehalten hat. Nach einem Gewitter liegen umgestürzte Bäume auf den Gleisen. Die Weiterfahrt verzögert sich für unbekannte Zeit. Im Zugrestaurant geben sie Freibier aus.

Agnes erzählt, dass sie regelmäßig zwischen Berlin und Schleswig-Holstein pendle, sie habe im Norden gerade ein neues Projekt, sehr spannend. Sie hat zwei Kinder, der Sohn studiert schon, die Tochter geht noch in die Schule. Ihr Mann arbeitet von zu Hause aus, er hat eine kleine IT-Firma. Er schmeißt auch den Haushalt, putzt, kauft ein. Agnes sagt, dass sie nicht kochen könne.

Man redet, wie man eben so redet, wenn man mit Geschäftsleuten in einem Zug im Nirgendwo steht. Aber irgendwann gesteht Agnes, dass sie viel lieber Hausfrau wäre. Dass sie seit 25 Jahren maloche und gar nicht mehr arbeiten wolle. Doch einfach zu Hause bleiben, das gehe nicht, «das kann ich nicht bringen», sagt sie. Warum nicht? «Wie sähe das denn aus?», fragt Agnes, «was würden meine Freundinnen sagen? Die würden doch denken, ich hätte nichts Besseres zu tun!»

Sehr viele Frauen plagen sich mit den widersprüchlichsten Ansprüchen, Erwartungen, Idealen, die auf sie projiziert werden und die sie selbst auf sich projizieren. Vor allem aber lesen oder hören sie ständig und überall, wie leicht es für sie doch sein müsste, Familie und Job unter einen Hut zu bekommen. Sie müssten sich halt nur ordentlich anstrengen.

Leider wird die Vereinbarkeitslüge auch besonders oft von Frauen erzählt. So wie von den vier Müttern, die in einem großen Gespräch in der *ZEIT* aus ihrem Alltag berichteten: eine Unternehmensberaterin, eine Kommunikationsberaterin, eine Eventmanagerin und eine Personalreferentin. Eine der vier erzählte, wie sie abgepumpte Milch durch die Sicherheitskontrolle am Londoner Flughafen Heathrow schmuggelte; eine andere, wie sie ihrem Kind Gummibärchen zuschob, damit es zu Hause die Klappe hielt, während sie sich am Telefon gerade auf den Conference Call konzentrierte. Eine Mutter beschrieb, wie sie ihr Kind auf die Toilette gesetzt habe, während sie am Telefon Rechtsfragen diskutierte. Und dass sie für die fünfeinhalb Jahre alte Tochter schon das achte Au-pair-Mädchen habe.

Die Heldin solcher Mütter ist die Facebook-Managerin Sheryl Sandberg. «Lassen Sie das Gaspedal immer bis zum Boden durchgedrückt», rät sie den Frauen. Sandberg hat angeblich noch am Tag der Geburt ihres ersten Kindes im Krankenhaus ihre Mails gecheckt. In ihrem Buch «Lean in» beschreibt sie die Geschichte einer Kollegin, die kurz nach der Geburt ihres Kindes wieder arbeiten gegangen sei – und die sich im Büro immer auf die Toilette geschlichen habe, wo ihre Mutter mit dem Baby wartete, damit es gestillt werden konnte.

Heldinnengeschichten sind das, aber eben auch Erzählungen aus einer Parallelwelt. Denn sie suggerieren, dass für die moderne Frau von heute selbstverständlich alles möglich sei: Karriere, Kinder, Liebesglück. Und zwar alles gleichzeitig. Und nur manchmal, zwischen den Zeilen, klingt bei diesen Geschichten durch, dass auch diese Mütter leiden. Oder schlimmer: dass die Unvereinbarkeit von Familie und Beruf sie in Wahrheit fertigmacht. «Selbst Frauen, für die Beruf und Familie ein Anliegen waren, die sich dafür viele Jahre qualifiziert haben, die in einem spannenden Job sind, der sie ausgefüllt und in dem sie einiges erreicht haben, hören nach Jahren des Durchhaltens erschöpft und desillusioniert auf», schreiben die Autorinnen Susanne Garsoffky und Britta Sembach.

Mehr als zwei Millionen Mütter in Deutschland gelten als kurbedürftig. Die meisten davon sind Alleinerziehende. Noch im Jahr 2000 gab es in Deutschland rund 1,9 Millionen alleinerziehende Mütter, inzwischen sind es schon mehr als 2,3 Millionen. Auch sie sind Opfer der Vereinbarkeitslüge.

Wir ahnen schon, was jetzt als Einwand kommt. Deshalb in aller Deutlichkeit: Nein, wir wollen nicht zurück in die Vergangenheit, wo Mutti zu Hause blieb und Vati arbeiten ging. Unsere Gesellschaft hat nur sehr lange verdrängt, was historisch völlig normal ist: dass die Lösung eines Problems immer auch neue Probleme schafft. Wir haben das verdrängt, weil wir so sehr eingeschworen wurden auf ein Ziel: dass Frauen mehr arbeiten sollen. Nicht nur halbtags, sondern am besten Vollzeit.

Das will die Wirtschaft.

Das will die Politik.

Das wollen wohl auch die meisten Frauen und Männer.

Also wurde gefragt: Wie schaffen wir es, dass mehr Frauen arbeiten? Wie schaffen wir es, dass mehr Frauen in Führungspositionen kommen? Wie sorgen wir für annähernd gleiche Chancen und gleiche Bezahlung? Das alles sind wichtige Anliegen. Nur wurde darüber weitgehend ausgeblendet, dass es eben auch einen Preis hat, wenn Frauen (und Männer!) tatsächlich beide gleichzeitig beides haben: Familie *und* Beruf, Kinder *und* Karriere. Das war lange kein Thema, nicht für die Medien, nicht für den Freundeskreis, schon gar nicht für die Politik. Und auch nicht für die Männer.

Bloß: Wem hilft es, Illusionen zu pflegen? Das Diktat der mühelosen Vereinbarkeit von Kindern und Karriere sei ein doppelter Superlativ, der vor allem zu Lasten der Frauen gehe, schreibt die Journalistin Antje Schmelcher in ihrem Buch «Feindbild Mutterglück». Die «Nichterfüllung des Plansolls» werde den Frauen von allen Seiten als Versagen ausgelegt: «Demografen beklagen die sinkende Geburtenrate, Politiker beklagen den fehlenden weiblichen Mutterelan trotz milliardenschwerer Subventionen, und besonders meinungsstarke Feministinnen werfen den Frauen für ihr mühseliges Vorankommen auf dem Arbeitsmarkt Feigheit vor.»

Die Ökonomisierung unseres Lebens setze sowohl die Frauen unter Druck, die mehrere Kinder erziehen und dafür weniger arbeiten, als auch die sogenannten Karrierefrauen, die kinderlos sind, klagt Schmelcher. Die Autorin schildert ein Bewerbungsgespräch, in dem sie mit einer anderen Mutter saß. Die Frau, die das Gespräch führte, habe beide Bewerberinnen gefragt, wie lange ihre Kinder betreut seien. Schmelchers Konkurrentin sagte: «Ganztags.» Sie bekam den Job.

Und wenn eine Frau das alles nicht mehr ertragen will? Wenn sie den Job hinschmeißt und den ganzen Druck öffentlich macht? Wird sie dafür von anderen Frauen beschimpft.

Im Juli 2012 veröffentlichte Anne-Marie Slaughter, Professorin an der Eliteuniversität Princeton und Mutter von zwei Kindern, einen Artikel, der ihr viel Sympathie einbrachte – und sehr viel Ärger: «Why women still can't have it all». Ausgerechnet eine der Vorzeigefrauen der amerikanischen Frauenbewegung gab auf einmal zu, dass eben doch nicht alles gleichzeitig gehe – Karriere und Familie, Mutterrolle und Megastress. Slaughter war zu diesem Zeitpunkt Leiterin des Planungsstabs im amerikanischen State Department. Die damalige Außenministerin Hillary Clinton hatte sie in diese Position geholt – einer der einflussreichsten Regierungsjobs in Washington. Slaughters öffentliches Bekenntnis, wieder mehr bei der Familie sein zu wollen, galt unter Feministinnen als Verrat. Wie könne sie es wagen, all das in Frage zu stellen, wofür so viele Frauen so lange gekämpft hatten: die Selbstverständlichkeit, Kinder und Karriere unter einen Hut zu bekommen?

Viele Studentinnen hingegen seien begeistert gewesen, berichtete Slaughter später in einem Interview: «Das sind oft die Töchter gestresster, abwesender Mütter. Sie wollen anders leben, entspannter, trotz Job und Kindern. Und sie wollen Partner, mit denen das geht.» 1,2 Millionen Menschen lasen damals Slaughters Text auf der Seite des US-Magazins *Atlantic Monthly*. Mehr als 200 000-Mal klickten die Leute «Gefällt mir» bei Facebook. Aber von ihren besten Freundinnen hörte Slaughter – nichts. Vor der Veröffentlichung des Artikels hatte sie sich noch einer

Freundin anvertraut. Slaughter erzählte, wie schwer es ihr falle, jeden Montag um halb fünf Uhr morgens aufzustehen, in den Zug nach Washington zu steigen und ihre Familie bis zum Freitag alleine zu lassen. Wie schlecht es ihr gehe, weil ihr 14-jähriger Sohn gerade große Probleme in der Schule habe, keine Hausaufgaben mache und sich allen Gesprächen mit den Eltern verweigere. Die Freundin hörte zu und hatte auch Verständnis dafür, dass Slaughter den Job hinschmeißen wolle. Nur: Schreiben dürfe sie darüber nie! Denn was wäre das für ein Signal an all die anderen Frauen!

Geht alles gar nicht? Darf eine Frau einfach nicht sagen.

In einem Interview mit dem *Spiegel* meinte Slaughter, sie habe gewusst, dass Feministinnen ihrer Generation ihr Bekenntnis als Rückschritt empfinden würden. Aber es helfe ja nicht, die vorhandenen Hindernisse zu ignorieren und weiterhin zu behaupten, dass alles möglich sei. «Das ist im Übrigen kein feministisches Problem, es ist ein gesellschaftliches.»

In Deutschland sind knapp zwei Millionen Frauen nach eigenen Angaben zu Hause, weil sie sich um ihre Kinder kümmern oder ihre Angehörigen pflegen wollen. Vielleicht sogar: pflegen müssen. Und dafür werden sie dann von – kinderlosen – Frauen wie der Journalistin Bascha Mika noch beschimpft. «Die Feigheit der Frauen» heißt Mikas Buch, in dem sie diesen Frauen unterstellt, sie würden nur das bequeme Leben leben wollen und hätten das Kämpfen längst verlernt.

Es geht in diesem Konflikt wild durcheinander. Da sind die Feministinnen, die es als Verrat an der Sache empfinden, wenn eine Frau gesteht, eben doch nicht alles gleichzeitig zu schaffen. Da sind die Mütter dieser Frauen, die ihren Töchtern vorwerfen, alles aufzugeben, wofür sie einst gekämpft hätten: die finanzielle Unabhängigkeit vom Mann und die Möglichkeit, im Berufsleben jeden Job haben zu können. Und da sind die modernen, kinderlosen Karrierefrauen, manchmal dank Frauenquote in den Vorstand oder die Geschäftsführung eines Unternehmens gelangt, die überhaupt kein Verständnis dafür haben, wie es ihren weiblichen Mitarbeiterinnen mit Kindern so geht. Sie alle machen Druck – obwohl die Mütter doch Unterstützung bräuchten.

«Mich stört, dass wir Frauen uns gegenseitig das Leben so schwer machen», schreibt Rachel Suhre in ihrem Blog «Mama denkt». «Wir greifen uns an, wenn wir unsere Kinder mit einem Jahr im Kindergarten abgeben, um Geld zu verdienen. Wir belächeln uns, wenn wir unser Nähen und Stricken ausbauen und von zu Hause aus bei dawanda verkaufen (statt arbeiten zu gehen). Am Ende fühlt sich jede gedemütigt, weil sie entweder ihre Kinder vernachlässigt oder unselbständig ist. Wir entscheiden uns dann irgendwann nur noch für das als kleiner empfundene Übel, und das nennt sich dann Vereinbarkeit von Familie und Beruf.»

Nicht nur in Deutschland streiten Frauen darüber, was eine gute Mutter ist und was gut fürs Kind. Ob eine Frau nun eine Rabenmutter ist, wenn sie ihr Kind schon sehr jung in die Krippe gibt. Oder ob sie in längst überwunden geglaubte Rollenmuster zurückfällt, wenn sie einfach nur zu Hause bleiben und sich um die Kinder kümmern will. Und überall erleben berufstätige Mütter die widersprüchliche Situation, dass sie einerseits im Job besonders durchsetzungsfähig und wettbewerbsorientiert sein

211

müssen – und andererseits mit ihren Kindern sehr fürsorglich und selbstlos umgehen sollen.

In dieser Spannung stehen wir Väter jetzt auch. Oder wenn man es ein bisschen theoretischer ausdrücken möchte: Das Verhältnis von Mann und Frau befindet sich in einer postfeministischen, postprinzipiellen Phase.

Aber auch damit tun sich einige Feministinnen schwer. Als die ZEIT im Herbst 2014 eine Titelgeschichte über die «Wut der Männer» veröffentlichte, meldeten sich viele wütende Frauen bei der Autorin. Als «Männerversteherin» musste sie sich bezeichnen lassen. Eine Frau, die Verständnis dafür zeigte, dass Männer sich überfordert und überrollt vorkommen können? Das ging aus der Sicht dieser Frauen gar nicht!

Dabei brauchen auch Väter Ansprechpartner und Hilfe. Denn an wen sollen sie sich wenden? Etwa an die Gleichstellungsbeauftragten in ihren Betrieben oder Verwaltungen? Wohl kaum. Das sind in den allermeisten Fällen ja Frauen, die vor allem für die Frauen da sein sollen. Als die damalige Goslarer Gleichstellungsbeauftragte Monika Ebeling anfing, es anders zu machen und sich auch um die Interessen von Männern zu kümmern, verlor sie ihren Job – auf Druck von Feministinnen. Das war im Jahr 2012. Dabei gebe es auch von Männern durchaus berechtigte Gleichstellungsinteressen, sagte Ebeling später in einem Interview: «Väter etwa sind nach Scheidung und Trennung nicht gleichgestellt, wenn sie Umgang mit ihren Kindern haben wollen. Unverheiratete Männer stehen noch schlechter da, von rechtlicher Gleichstellung von Vater und Mutter kann da nicht die Rede sein. Auch die Bildungsmisere der Jungen ist ein Thema, das in den Bereich der Gleichstellung gehört.» Leider verhallten

Ebelings Worte ungehört. Weil viele sie womöglich gar nicht hören wollten?

Die Grünen-Politikerin und Unternehmerin Gisela Erler hat schon in den Achtzigern von ihrer Partei gefordert, mehr für Familien und Kinder zu tun. Und sie hat ein Buch darüber geschrieben, dass wirkliche Gleichstellungspolitik immer mehr sein müsse als nur Politik für Frauen – nämlich für Frauen und Männer. Die bisherige Gleichstellungspolitik, schreibt Erler, unterschätze die Unterschiede zwischen den Geschlechtern, wolle Frauen umerziehen und sähe sie zu Unrecht in einer Opferrolle. Erler ist heute Staatsrätin für Zivilgesellschaft und Bürgerbeteiligung in der baden-württembergischen Landesregierung des Grünen Winfried Kretschmann.

Auch im Bundesfamilienministerium weiß man sehr genau, dass die Vereinbarkeit für Väter besonders schwierig ist. In einer Studie des Ministeriums heißt es: «Männer sind heute nicht mehr nur in Bezug auf Berufswahl und Arbeitsmarkt verunsichert, sondern auch im Privaten haben sie alle Sicherheiten verloren.» Nur: Irgendwelche Konsequenzen hat diese Erkenntnis bis heute nicht.

Wer heute in Deutschland ein Kind bekommt, steht unter einem ganz anderen wirtschaftlichen und gesellschaftlichen Druck als früher, wir haben das in diesem Buch zu zeigen versucht. Manche Ehen zerbrechen daran. Und wer dann auf einmal alleine ein Kind großziehen muss, hat nicht einmal mehr einen Partner, der diesen Druck mit abfangen könnte. Sehr vielen Müttern ergeht es so.

Natürlich wollen wir nicht bestreiten, dass viele Frauen in diesem Land immer noch um Anerkennung kämpfen müssen. Wir sehen, dass die Berufswelt immer noch sehr männlich dominiert ist. Und auch wir empfinden die ungleiche Bezahlung von Männern und Frauen für die gleiche Arbeit als gesellschaftlichen Skandal. Aber sollten wir Väter deswegen über unsere eigene Situation schweigen? Oder anders gefragt: Wenn nun auch wir Väter erleben, dass die Vereinbarkeit von Familie und Beruf im Grunde nicht zu schaffen ist – liegt darin nicht auch eine Chance?

SCHLUSS

KAPITEL 12
STATT EINER LÖSUNG

Eigentlich dürfte es dieses Buch gar nicht geben. Denn jedes Wort, jeder Satz darin ist dem Dilemma abgerungen, das wir beschreiben. Es ist nachts entstanden oder am sehr frühen Morgen, in Viertelstunden zwischendurch, auf Bahnfahrten, an Wochenenden und in den Ferien. Jeder Moment, den wir darauf verwendet haben, ist auch auf Kosten anderer gegangen: unserer Kinder, unserer Partner, unserer Kollegen.

Immer wieder haben wir beim Schreiben gedacht: Klapp den beschissenen Laptop zu und kümmere dich verdammt noch mal um deine Liebsten! Vergiss dieses Buch! Ein paarmal haben wir das auch getan. Aber dann haben wir doch wieder den Wecker gestellt, sind früher aufgestanden, während die anderen noch schliefen. Und haben auf ein paar Stunden Schlaf verzichtet, auf einen Spaziergang im Morgennebel oder auf das Lesen eines Romans.

Wir haben das bewusst getan, klar. Weil wir irgendwie dann doch noch die Kraft gefunden haben. Insofern können wir nicht wirklich widersprechen, wenn uns jemand entgegenhält, wer noch meckern könne, dem gehe es doch gar nicht so schlecht. Wer sich beklage, der habe noch Energie. Wer Familie und Beruf für unvereinbar halte und darüber noch ein Buch schreiben könne, der habe offenbar noch Reserven.

Das stimmt sogar. Wir leben noch. Wir sind nur müde,

wie eigentlich immer, haben dunkle Schatten unter den Augen, zu wenig Bewegung und mehr graue Haare als noch vor einem Jahr, als wir zum ersten Mal an dieses Buch gedacht haben. Damit aber geht es uns ziemlich genauso wie all den Vätern, mit denen wir für dieses Buch geredet haben. Auch sie sind immerzu müde, kämpfen sich ab und hetzen durch ihren Tag. So wie Stefano, der italienische Kellner, der sich zwischen Arbeit und Familie aufreibt, und der – im Gegensatz zu uns – ja nicht einfach mal von zu Hause arbeiten kann, wenn eines seiner Kinder krank ist. Wir haben Peter befragt, der so viel arbeitete, dass er in seiner Firma mitten in einer wichtigen Besprechung zusammenklappte. Oder Frank, der sich gerade von seinen Lebensträumen verabschiedet, weil seine Frau und er nicht nur zwei Kinder großziehen, sondern jetzt auch noch den Schwiegervater pflegen. Sie alle wollten nicht jammern oder klagen, und vor allem erzählten sie alle zuerst immer von den wunderbaren Momenten mit ihren Kindern und wie glücklich sie seien. Die Gespräche dauerten sehr viel länger, als wir in diesem Buch dokumentieren konnten. Denn: Irgendwann brach es immer aus ihnen heraus.

Natürlich entsteht viel von dem Stress, der uns plagt, in unseren Köpfen. Wir produzieren ihn selbst, ständig. Aber was uns Vätern (und Müttern) heute zu schaffen macht, ist doch viel mehr als irgendwelche übertriebenen Erwartungen an uns selbst. Was uns vor allem zu schaffen macht, ist der Umstand, dass die Arbeitswelt in den vergangenen Jahren immer tiefer in unser Privatleben eingedrungen ist. Wir haben das in diesem Buch zu beschreiben versucht. Genauso wie die enorme Beschleunigung unseres Alltags. Den beispiellosen ökonomischen Druck, der auf uns lastet. Die verwirrenden Rollenbilder, die wir irgendwie bedienen müssen. Die Kurzsichtigkeit der Unternehmen, die ziemlich ausschließlich daran interessiert sind, frische Arbeitskräfte zu bekommen, gut ausgebildete Fachleute, und vor allem wollen, dass noch mehr Frauen arbeiten als bisher, damit sie das sinkende Arbeitskräfteangebot auf dem Markt ausgleichen können. Und schließlich das Versagen einer Politik, die die realen Probleme der Familien nicht löst, sondern sie eher noch verschärft.

Das alles ist ein ziemlich niederschmetternder Befund. Er könnte einen auf den Gedanken bringen, alles hinzuschmeißen, auszusteigen, unser bisheriges Leben aufzugeben und ein neues zu versuchen, möglichst eines, das wirklich sinnvoll ist. Einfach auf einen Bauernhof ziehen, irgendwo auf dem Land. Oder ein Sozialprojekt organisieren und sich um Menschen kümmern, die wirklich in Not sind. Das wäre vielleicht ein Traum. Nur können nicht Millionen Familien in Deutschland gleichzeitig aussteigen. Und viele wollen es ja auch nicht. Wir jedenfalls wollen nicht aufs Land ziehen, Schafe hüten oder von Hartz IV leben. Die Amish People sind für uns kein Rollenmodell. Wer so leben will wie sie: fein. Nichts dagegen zu sagen. Es ist nur nicht unser Wunsch. Wir suchen nach Möglichkeiten, das Leben, das wir führen und das wir führen wollen, erträglicher zu machen. Leichter. Nur ein bisschen leichter. Das wäre schon viel.

Vielleicht könnte uns dabei helfen, wenn wir uns klarmachen, dass es nicht an uns liegt.

Wenn die Belastungen so groß sind, wie sie sind, und wenn die gesellschaftlichen Veränderungen derart fundamental, dann heißt das auch: Wir können es nicht ändern. Nicht jeder einzeln für sich jedenfalls. Es braucht gesellschaftliche Veränderungen, politische Reformen, ein Umdenken in den Unternehmen. Das wird lange dauern, klar. Aber es heißt auch: Wir können entspannen, ein bisschen jedenfalls. Wir müssen nicht permanent ein schlechtes Gewissen haben, weil wir den Erwartungen nicht gerecht werden. Unseren eigenen Erwartungen nicht und auch nicht den Erwartungen der Gesellschaft.

Sosehr wir uns auch abstrampeln, streamlinen, taylorisieren – es wird nichts helfen. Wir haben es nicht in der Hand. Die Kräfte, die da draußen am Werk sind, übersteigen die Macht des Einzelnen. Das aber bedeutet vor allem auch: Wir müssen nicht so sehr auf das schauen, was nicht funktioniert. Wir könnten, nein, wir sollten uns mehr auf die Momente des Gelingens konzentrieren. Uns über die Augenblicke mit unseren Kindern freuen. Über ein paar innige Stunden mit unseren Liebsten.

Man kann es auch anders formulieren. In einer Gesellschaft, der die funktionierenden Rollenmodelle ausgehen, kommt es nicht mehr darauf an, irgendeinem Ideal nachzueifern oder bestimmten Erwartungen zu entsprechen. Es könnte schon genügen, für sich selbst eine Geschichte zu erfinden. Eine Geschichte, die wir einmal unseren Enkelkindern erzählen können. Nicht notwendig unseren Kindern, die sind vielleicht noch zu nah dran, aber deren Kindern (wenn sie denn welche wollen).

Eine Geschichte von Anstrengungen und Enttäuschungen wäre das, von Liebe und Scheitern. Die Geschichte, wie wir versucht haben, unser Leben zu organisieren in einer Zeit, in der die alten Gewissheiten nicht mehr funktionierten und neue noch nicht in Sicht waren. Keine Abenteuer-Geschichte aus dem unbekannten Kontinent, den wir Neuland nennen, sondern eine schlichte Geschichte aus dem Alltag von Vätern (und Müttern, natürlich, aber die haben ihre eigenen Geschichten).

Wir sollten sie ruhig erzählen können, ohne rot zu werden, ohne uns zu idealisieren, auch ohne uns zu kleinzumachen. Wir dürften die Schuld für das, was uns passiert ist, nicht immer nur bei uns suchen und auch nicht immer nur bei anderen. Manchmal dürfte die Erzählung traurig sein, und manchmal müsste es etwas zu lachen geben. Wir müssten davon berichten, dass wir längst nicht alles erreicht haben, wovon wir einmal geträumt haben, aber dass es viel gab, mehr als genug, das uns glücklich gemacht hat. Wir müssten von Enttäuschungen sprechen, von Fehlern, Irrtümern, auch von den Schmerzen, die wir anderen zugefügt haben, und uns selbst. Wir müssten sagen können, dass wir uns angestrengt haben, so gut wir konnten, dass es anstrengend war, sehr sogar, dass wir immer wieder an unsere Grenzen gekommen sind.

Es muss keine Erfolgsstory sein, die wir unseren Enkeln erzählen, doch es müsste halbwegs plausibel klingen, was wir zu sagen haben. Es wird nicht ohne Brüche und scharfe Wendungen abgehen in dieser Geschichte und auch nicht ohne böse Überraschungen, aber das ist in Ordnung. Jedenfalls solange wir bereit sind, zu erklären, was passiert ist, wenn sie uns fragen – und Kinder fragen immer. Warum hast du das gemacht, Opa? Was hat Oma dazu gesagt? War sie traurig? Oder wütend? Und unsere Mama, deine Tochter, wie hat die darauf reagiert?

Wenn wir unsere Leben so leben, dass sie diese Geschichte ergeben oder irgendeine andere, die wir erzählen können, ohne uns selbst zu betrügen, dann wäre das schon viel. Sehr viel. Vielleicht ist das schon alles, worauf es ankommt.

Das ist unsere Antwort auf die Frage: Wer will ich gewesen sein?

Es mag sein, dass unserer Generation die Vereinbarkeit von Familie und Beruf nie gelingen wird. Aber vielleicht bleibt es auch ein Phänomen unserer Generation. Vielleicht wird es unseren Kindern einmal besser ergehen, weil wir Väter und Mütter von heute Pionierarbeit geleistet haben. Und weil sich etwas verbessern könnte, wenn die Vereinbarkeitslüge erst einmal als Lüge enttarnt ist.

Das jedenfalls ist unsere Hoffnung.

DANK

Damit dieses Buch entstehen konnte, mussten wir ausgerechnet jene vernachlässigen, die uns am wichtigsten sind: unsere Familien. Ohne ihre Liebe und ihr Verständnis wäre vieles anders.

Unser Dank geht auch an all die Väter und Mütter, die sich in den vergangenen Monaten sehr viel Zeit nahmen, mit uns über ihr Leben zu sprechen. Ohne sie hätten wir dieses Buch nicht schreiben können. Wir danken allen Wissenschaftlern, Kollegen und Freunden, die uns mit Informationen und Einschätzungen versorgten und die auch Widerspruch äußerten. Danke dafür ganz besonders an Volker Baisch, Hans Bertram, Alice Bota, Heinz Bude, Christian Gebauer, Sofie Geisel, Tina Hildebrandt, Andy Keel, Katri Kemppainen-Bertram, Thorsten Kienast, Michael Knoll, Karl-Rudolf Korte, Michaela Kreyenfeld, Hans-Joachim Maaz, Jörg Menke-Peitzmeyer, Elisabeth Niejahr, Rainer Rettinger, Anne Salles und Sascha Schmidt.

«Schon wieder ich»: So begannen viele der E-Mails, die uns Christof Blome vom Rowohlt Verlag schickte. Jede Nachfrage von ihm und jeder Änderungswunsch hat unser Buch besser gemacht. Auch dafür vielen Dank.

LITERATUR

Vorweg

Das Wort von den «gehetzten Menschen in der Lebens-mitte» stammt aus einer der Kolumnen von Sibylle Berg. «Fragen Sie Frau Sibylle: Wir hetzen uns zu Tode», erschien bei *Spiegel Online* am 16. August 2014 (www.spiegel.de/kultur/gesellschaft/sibylle-berg-ueber-leute-ohne-zeit-und-hetze-im-alltag-a-985 763.html)

Väterglück

Für die Angaben über die Zeiteinteilung von Vätern und Müttern in diesem und den folgenden Kapiteln stützen wir uns im Wesentlichen auf die Studien der amerikani-schen Forscherin Suzanne M. Bianchi: «Family Change and Time Allocation in American Families». In: *The Annals of the American Academy of Political and Social Science* 638 (1), 2011, S. 21–44.

Die «abwesenden Väter» beschreibt Jesper Juul in sei-nem Buch «Mann & Vater sein» (Kreuz Verlag, Freiburg im Breisgau 2013).

Die Zitate des Berliner Soziologen Heinz Bude zur Unkündbarkeit der Beziehung zwischen Eltern und Kin-dern entstammen seinem Buch «Gesellschaft der Angst» (Hamburger Edition, Hamburg 2014).

224

Tempo

Die Studie des Meinungsforschungsinstituts Forsa zu den guten Vorsätzen für das Jahr 2014 wurde zwischen dem 20. November und dem 10. Dezember 2013 durchgeführt. Auftraggeber war die Krankenkasse DAK.

Die preisgekrönte Untersuchung über das Lebenstempo in größeren Städten, in der auch die Gehgeschwindigkeit von Fußgängern in Innenstädten beschrieben wird, stammt von Robert Levine: «Eine Landkarte der Zeit. Wie Kulturen mit Zeit umgehen», auf Deutsch erschienen 1999 im Piper Verlag, München.

Den Begriff der «überforderten Generation» hat der Berliner Familienforscher Hans Bertram immer wieder benutzt. Seine Forschungen zu dem Thema sind jetzt in einem Buch zusammengefasst, das denselben Titel trägt: «Die überforderte Generation. Arbeit und Familie in der Wissensgesellschaft» (Verlag Barbara Budrich, Leverkusen 2014).

Meldungen über das Start-up-Unternehmen Spritz, das eine digitale Revolution des Lesens verspricht (www.spritzinc.com), erschienen in allen wichtigen Medien, zum Beispiel bei *Süddeutsche Zeitung online*: Dirk von Gehlen, «Text auf Speed», 24. Februar 2014 (www.sueddeutsche.de/digital/lesegewohnheiten-text-auf-speed-1.1896774). Ein Gespräch mit einem der Spritz-Gründer hat Hannah Loeffler im Online-Magazin *Gründerszene* geführt: «Wie Euch dieser Gründer fünf Mal schneller lesen lassen will», in: *Gründerszene*, 27. Februar 2014 (www.gruenderszene.de/allgemein/spritz-maik-maurer-interview).

Die Mechanismen und Folgen der Beschleunigung hat

der in Jena lehrende Soziologe Hartmut Rosa wie wahrscheinlich kein Zweiter untersucht. Sein grundlegendes Werk «Beschleunigung. Die Veränderung der Zeitstrukturen in der Moderne» erschien 2005 bei Suhrkamp; das Zitat von der «Beschleunigung des sozialen Wandels» haben wir Rosas Essay «Beschleunigung und Entfremdung. Entwurf einer Kritischen Theorie spätmoderner Zeitlichkeit» entnommen (Suhrkamp, Berlin 2013). Diesem Band verdanken wir wesentliche Anregungen für die Phänomene und Motoren der technologischen und gesellschaftlichen Beschleunigung.

Douglas Couplands Roman «Generation X. Tales for an Accelerated Culture» erschien auf Englisch 1991 im Verlag St. Martin's Press, die deutsche Übersetzung mit dem zitierten Untertitel «Geschichten für eine immer schneller werdende Kultur» wurde zuerst 1992 im Galgenberg Verlag, Hamburg, publiziert.

«Alles hat seine Zeit, nur ich hab keine», hat Karl-Heinz Geißler seine Analyse des beschleunigten Lebens genannt. Das Buch erschien 2014 im Oekom Verlag, München.

Die Bemerkung des Soziologen Hartmut Rosa, «Die Allermeisten haben die Wahrnehmung, dass die Zeit da draußen einfach da ist», stammt aus einem Interview, das Timur Diehn mit ihm für den Sammelband «Die kommenden Tage. Chancen und Risiken der Wissensgesellschaft» geführt hat (Edition Stifterverband, Essen 2012).

Das erwähnte Interview mit der ehemaligen Bundesfamilienministerin Kristina Schröder findet sich unter dem Titel «Ich wollte nie Vorbild sein» im *Süddeutsche Zeitung Magazin* Nr. 44 vom 30. Oktober 2014, S. 26–32.

Neuland

Der Artikel «Warum ausgerechnet wir?» von Elisabeth Niejahr erschien in der *ZEIT* im Rahmen einer Titelgeschichte über «Die Wut der Männer», am 9. Oktober 2014, S. 21–22.

Über «das archaische Beuteschema» sprach der Münchner Paartherapeut Stefan Woinoff in einem Interview, das Merlind Theile für den *Spiegel* führte («Falsches Beuteschema», 17. März 2008, S. 48–50).

Männer seien lieb, melancholisch und sehr mit sich selbst beschäftigt, schrieb Nina Pauer in der *ZEIT*. Warum das «auf die Dauer furchtbar unsexy sei», erklärte sie in ihrem Artikel «Die Schmerzensmänner», erschienen am 6. Januar 2012, S. 49.

«Milde Kerle. Was Frauen heute alles über Männer wissen müssen», heißt das Buch von Matthias Lohre, in dem er beschreibt, warum Männer alles richtig machen wollen und nicht mehr wissen, was richtig ist (Krüger Verlag, Frankfurt am Main 2013).

Das Theaterstück «Ich bin ein guter Vater» von Jörg Menke-Peitzmeyer spielt nicht auf der Bühne, sondern wird im Klassenzimmer einer Schule aufgeführt. Bei diesen Klassenzimmerproduktionen gibt es keine Trennung zwischen Schauspieler und Publikum. Die Schüler sitzen wie an jedem Tag im Unterricht, und wenn die Klassenzimmertür aufgeht, ahnen sie gar nicht, dass nun ein Theaterstück beginnt. In Menke-Peitzmeyers Stück stürmt ein Vater ins Klassenzimmer und sucht seinen Sohn. Der Vater ist gehetzt, er hat keine Zeit, will seinem Sohn nur schnell das Sportzeug bringen, das der am Morgen vergessen hat. Menke-Peitzmeyer hat das Stück

227

nicht nur geschrieben, er spielt die Rolle des Vaters auch selbst. Wie er dazu kam, erzählte er uns in einem längeren Gespräch am 18. August 2014.

Kapitalismus

Die Studie, wonach Väter deutlich länger arbeiten als kinderlose Männer, findet sich auf der Homepage des Bundesinstituts für Bevölkerungsforschung (www.bib-demografie.de/DE/Aktuelles/Grafik_des_Monats/Archiv/2011/2011_12_vaeter_arbeiten_laenger.html).

Eine gute Analyse der Wirtschaftswunderjahre einschließlich deren soziologischer Deutung durch Helmut Schelsky liefert Daniel Dettling in seinem Buch «Wie wollen wir in Zukunft leben? Eine Agenda für die Neo-Republik» (Edition Lingen Stiftung, Köln 2014). Dort finden sich auch Informationen über die Vermögensverteilung in Deutschland sowie das Ausmaß des Niedriglohnsektors.

Die Studie der Unternehmensberatung AT Kearney, wonach es für die Mehrzahl der Arbeitnehmer nicht möglich sei, beides zu haben – ein erfülltes Familien- und Berufsleben –, wurde im Juni 2014 in der AT-Kearney-Schriftenreihe «361 Grad» veröffentlicht. Ihr Titel: «Nur Mut! Wie familienfreundliche Unternehmen zur Vereinbarkeit von Beruf und Familie beitragen». Wir zitieren in den folgenden Kapiteln noch mehrmals daraus.

Das Zitat des französischen Regisseurs Jacques Tati, dass man in seiner Arbeit aufgehen solle und nicht untergehen, fanden wir in einer Titelgeschichte der Zeitschrift *Nido*. Die Autorin Heike Dierbach beschrieb darin, wie man Arbeit künftig zwischen Männern und Frauen aufteilen könne («Arbeiten wir zu viel?», 19. September 2013, S. 106–116).

Die Studie von Bain & Company über die E-Mail-Flut und die Meetingmanie in den Konzernen erschien unter anderem in der *Frankfurter Allgemeinen Zeitung* («Manager müssen 30 000 Mails im Jahr abarbeiten», 11. August 2014, S. 15) und im *Handelsblatt* («Ein Tag pro Woche nur für E-Mails», 15. August 2014, S. 16).

Den Sozialwissenschaftler Philipp Staab interviewte Peter Laudenbach für die Zeitschrift *brand eins* («Die Unsichtbaren», Ausgabe 09/2014, S. 88–92).

«Der Kapitalismus zersetzt die Familie – ganz subtil», sagte der Philosoph Dieter Thomä im Gespräch mit Inge Kloepfer von der *Frankfurter Allgemeinen Sonntagszeitung*. Es erschien am 16. Dezember 2012, S. 39.

Erwartungen

Die Bemerkung von Brigitte Ederer, gerade junge Leute seien heute mit der Vorstellung aufgewachsen, alles sei möglich, findet sich in dem Interview «Ich habe einen Preis für meine Karriere gezahlt», das am 14. August 2014 bei *ZEIT Online* veröffentlicht wurde (www.zeit.de/karriere/beruf/2014–08/interview-brigitte-ederer-frauen-karriere).

Hartmut Rosas Überlegungen zum «kulturellen Motor» der Beschleunigung und zum Zusammenhang mit der Säkularisierung der Gesellschaft findet sich in seinem Essay «Beschleunigung und Entfremdung», Suhrkamp Verlag, Berlin 2013, S. 39–41.

Der Gedanke, Kinder schenkten ihren Eltern einen Horizont, findet sich in Franziska Storz' Text «Gin Tonic und Eier auf Eis», erschienen in der *Süddeutschen Zeitung* vom 8./9. November 2014, S. 52.

Das Interview mit der Regisseurin Doris Dörrie hat Christian Meyer für die *Süddeutsche Zeitung* geführt, es erschien am 1. März 2014 auf der letzten Seite der Beilage «Wochenende».

Der Begriff «Radarmenschen» stammt aus David Riesmans Buch «The Lonely Crowd», das 1950 erschienen ist. Der Text, auf Deutsch 1956 unter dem Titel «Die einsame Masse» veröffentlicht, ist eines der wichtigsten Werke der Soziologie. Es beschäftigt sich zwar in erster Linie mit den Bewohnern amerikanischer Großstädte kurz nach dem Zweiten Weltkrieg, ihren Ritualen, Ängsten und Gepflogenheiten, es enthält aber viele Passagen und Gedanken, die sich heute auf frappierende Weise lesen wie eine exakte Beschreibung der Generation Facebook.

Über die «Vorführung des Glücklichseins» spottet Nina Pauer in einem Artikel der *ZEIT*. Er heißt «Reich mir mal den Rettich rüber» und erschien am 4. September 2014, S. 46.

Hypertasking

«Fahndet man nach einem Sozialtypus, der das Zeithandeln der Gesellschaft des beginnenden 21. Jahrhunderts prototypisch abbildet und charakterisiert, dann ist das der Simultant», schreibt Karl-Heinz Geißler in seinem Buch «Alles hat seine Zeit, nur ich hab keine». Er hat uns «Simultanten» darin ein eigenes Kapitel gewidmet (Oekom Verlag, München 2014, S. 161 ff.)

Der Essay von Julia Franck trägt den Titel «Schreiben und Kinder sind unvereinbar». Er ist erschienen in der «Literarischen Welt», der Literaturbeilage der Tageszeitung *Die Welt*, am 18. Januar 2014.

Die Zahlen zur durchschnittlichen Schlafdauer haben wir aus Manfred Garhammers Studie «Wie Europäer ihre Zeit nutzen. Zeitstrukturen und Zeitkulturen im Zeichen der Globalisierung», Ed. Sigma, Berlin 1999, übernommen, siehe vor allem S. 378. Allerdings muss man anmerken, dass speziell der Rückgang der Schlafdauer seit dem 19. Jahrhundert auch damit zusammenhängen könnte, dass die Menschen weniger harte körperliche Arbeit verrichten, oder damit, dass die allgemeine Versorgung mit Strom und Heizung es zunehmend möglich gemacht haben, auch die dunklen, kalten Stunden zu nutzen.

Der Hinweis auf die Experimente des US-Militärs findet sich bei Jonathan Crary «24/7. Schlaflos im Spätkapitalismus», Wagenbach, Berlin 2014, S. 9 ff.

Wie er Burnout-Patienten behandelt, hat uns der Arzt Thorsten Kienast in mehreren Gesprächen berichtet, die im Sommer 2014 stattfanden. Von ihm stammen auch die wesentlichen Informationen über die Ursachen dieser Erkrankung sowie die Zahl der Patienten in Deutschland.

Alain Ehrenberg ist ein französischer Soziologe. Sein Buch über «Das erschöpfte Selbst. Depression und Gesellschaft in der Gegenwart» erschien 2008 als Suhrkamp Taschenbuch Wissenschaft.

Die Zahlen der OECD zur Vereinbarkeit von Familie

und Beruf finden sich im OECD-Better-Life-Index, im Netz abzurufen unter www.oecdbetterlifeindex.org/de.

Über die Studie der Initiative Gesundheit und Arbeit berichtete Tina Groll bei *ZEIT Online* am 6. August 2014 unter dem Titel «Die Arbeit frisst uns auf» (www.zeit.de/karriere/beruf/2014–08/work-life-balance-infografik). Die Webseite der Initiative findet sich unter www.iga-info.de.

Die Zahlen zur Arbeit des Müttergenesungswerks haben wir dem Datenreport 2013 der Einrichtung entnommen (www.muettergenesungswerk.de/uploads/579/Datenreport_2013.pdf).

Schweigen

Judith Hermanns Roman «Aller Liebe Anfang» ist 2014 bei S. Fischer erschienen, die zitierten Passagen finden sich auf S. 20 («süchtig nach dem Alleinsein») und S. 21 («deutliche Dankbarkeit»).

Die erwähnte sexualwissenschaftliche Studie mit dem Titel «Egalitarianism, Housework and Sexual Frequency in Marriage» von Sabino Konrich, Julie Brines und Katrina Leupp wurde in der *American Sociological Review* Nr. 78 vom Februar 2013, Seite 26–50, veröffentlicht. Lesenswert dazu auch der Artikel von Lori Gottlieb, «Does a More Equal Marriage Mean Less Sex?», erschienen im Magazin der *New York Times* am 6. Februar 2014.

Gebärstreik

Die OECD-Studie zur Familienpolitik findet sich online zum Beispiel hier: www.oecd.org/berlin/publikationen/doingbetterforfamilies.htm

Das Zitat von Brigitte Ederer stammt aus dem bereits erwähnten Interview «Ich habe einen Preis für meine Karriere gezahlt», erschienen bei *ZEIT Online* am 14. August 2014 (www.zeit.de/karriere/beruf/2014–08/interview-brigitte-ederer-frauen-karriere).

Das Zitat von Hans Bertram stammt aus einem Gespräch, das wir am 23. Juli 2014 in Berlin mit ihm geführt haben.

Zahlen zu Geburten und Bevölkerungsentwicklung in Deutschland veröffentlicht regelmäßig das Statistische Bundesamt, zuletzt hier: www.destatis.de/DE/Zahlen-Fakten/GesellschaftStaat/Bevoelkerung/Geburten/Geburten.html

Die *Spiegel*-Titelgeschichte «Späte Eltern. Vom Kinderkriegen in der zweiten Lebenshälfte» erschien in Heft 17 vom 19. April 2014, auf dem Cover illustriert mit einer nackten Mutter mit langen grauen Haaren, die ein Baby im Arm hält. Dort finden sich auch die erwähnten Zitate von Wilhelm Holzgreve und Sabine Walper.

Antonia Baums Text «Gib alles!» über die Social-Freezing-Debatte wurde am 26. Oktober 2014 in der *Frankfurter Allgemeinen Sonntagszeitung*, S. 43, veröffentlicht.

Der Essay «Gefrorene Zeit. Warum das Konservieren von Eizellen Frauen Freiheit verschafft» von Nicola Abé erschien im *Spiegel* Heft 29 vom 14. Juli 2014.

... in den Chefetagen

Sascha Schmidt haben wir am Rande einer Veranstaltung des Unternehmensnetzwerks «Erfolgsfaktor Familie» im Herbst 2014 in Berlin kennengelernt. Über seine Arbeit berichtet er auch in seinem Buch «Neue Väter – neue Karrieren» (Gabal Verlag, Offenbach 2014).

Der Chef von Google heißt Eric Schmidt. Ihn zitiert David Hugendick am 13. November 2014 im Feuilleton der *ZEIT* in seinem Artikel «Der Terror der guten Laune», S. 44.

Dass die Differenz zwischen den tatsächlichen Arbeitsstunden und der Arbeitszeit, die im Tarifvertrag steht, nirgendwo so groß wie in Deutschland ist, schrieb Rainer Nahrendorf im *Handelsblatt* vom 26. August 2013 («Wünsche und Realität»). Dass immer mehr Menschen hierzulande sonntags und an Feiertagen arbeiten, ergibt sich aus einer Stellungnahme der Bundesregierung, die *Spiegel Online* veröffentlichte (www.spiegel.de/karriere/berufsleben/arbeitszeit-jeder-vierte-jobbt-sonntags-und-an-feiertagen-a-968233.html).

Die österreichische Familienforscherin Mariam Irene Tazi-Preve hat die Unvereinbarkeit der Ansprüche von Staat, Familie und Arbeitswelt immer wieder untersucht und beschrieben. Hier zitieren wir aus dem von ihr veröffentlichten Sammelband «Familienpolitik. Nationale und internationale Perspektiven» (Budrich UniPress, Opladen 2009).

«Wie viel wollen wir noch arbeiten?», fragte Matthias Kaufmann am 1. Mai 2014 auf *Spiegel Online*. In seinem Artikel zum Tag der Arbeit schrieb er unter anderem über die Befragung der IG Metall, laut der sich sehr viele Arbeitnehmer eine kürzere Arbeitszeit wünschten (www.spiegel.de/karriere/berufsleben/arbeitszeit-einfuehrung-der-30-stunden-woche-und-elterngeld-plus-a-966 832.html).

Dass 82 Prozent der Väter gerne Teilzeit arbeiten würden, erfuhren wir durch eine Pressemitteilung der Väter gGmbh, die anlässlich des Vatertags 2014 verschickt wurde. Volker Baisch, der Geschäftsführer dieser gemeinnützigen Gesellschaft, war uns bei der Recherche für dieses Buch ein wertvoller Gesprächspartner.

Seine Geschichte hat uns Andy Keel, der Gründer von «Teilzeit-Mann», in einem ausführlichen Telefonat geschildert.

Die Studie der Unternehmensberatung Bain & Company, wonach sich 80 Prozent der männlichen Manager für flexible Arbeitszeiten interessieren, zitieren Sophie Derkzen und Caterina Lobenstein in der *ZEIT* («Teilzeitjob in der Chefetage», 29. August 2013, S. 27).

«Jeder dritte Vater hat nicht das Gefühl, sich vertrauensvoll an seinen Vorgesetzten wenden zu können, um über das Thema Vereinbarkeit zu sprechen», heißt es in der AT-Kearney-Studie «Nur Mut! Wie familienfreundliche Unternehmen zur Vereinbarkeit von Beruf und Familie beitragen». Sie wurde im Juni 2014 in der AT-Kearney-Schriftenreihe «361 Grad» veröffentlicht.

«Nur nicht den Anschluss verlieren», hieß das Doppelinterview mit dem ehemaligen McKinsey-Europa-Chef Herbert Henzler und dem früheren Telekom-Vorstand Thomas Sattelberger, das Katrin Terpitz und Stefani Hergert für das *Handelsblatt* führten. Es erschien am 24. Mai 2013 auf S. 58.

«Mütter, geht mehr arbeiten!» lautete die Überschrift des gemeinsamen Interviews von Handelskammerchef

Eric Schweitzer und Bundesfamilienministerin Manuela Schwesig, das am 6. April 2014 im Wirtschaftsteil der *Frankfurter Allgemeinen Sonntagszeitung* erschien (S. 14).

In der Tageszeitung *Die Welt* schrieb Ileana Grabitz am 14. März 2013 über Chefs, die vordergründig modernste Arbeitsmodelle zulassen, aber spätestens bei der Vergabe von besseren Posten wieder zu den Standards von vorgestern zurückkehren («Teilzeit erfolgreich», S. 3).

Die Eltern-Umfrage der Zeitschrift *Nido* erschien am 19. September 2014 im Rahmen der Titelgeschichte «Wir neuen Eltern», S. 45–52.

... in der Politik

Die Studie «Wachstumseffekte einer bevölkerungsorientierten Familienpolitik» findet man auf der Homepage des Bundesministeriums für Familie, Senioren, Frauen und Jugend (www.bmfsfj.de).

Das Buch «Sozialstaatsdämmerung» von Jürgen Borchert erschien im Riemann Verlag, München 2013.

Die beiden Wissenschaftlerinnen Michaela Kreyenfeld und Anne Salles forschen schon lange über Demographie und die internationalen Aspekte der Familienpolitik. Beide haben uns in mehreren langen Gesprächen mit Informationen und Einschätzungen versorgt.

«Es entstehen neue Konflikte» heißt das Interview, in dem Michael Meuser erklärt, warum Männer und Frauen in alte Rollen zurückfallen, sobald das erste Kind geboren ist. Katrin Hörnlein sprach mit ihm für die *ZEIT*, 28. Mai 2014, S. 32.

Dass in den deutschen Kitas mindestens 120 000 Erzieher und Erzieherinnen zusätzlich eingestellt werden müssten, ist das Ergebnis einer Untersuchung der Bertelsmann-Stiftung. Die *Frankfurter Rundschau* berichtete darüber am 26. Juli 2014 auf S. 6 («Für gute Kinderbetreuung fehlt das Personal»).

«Lasst doch mal alles so, wie es ist», forderte Jürgen Kaube in der *Frankfurter Allgemeinen Zeitung*, am 4. September 2014 auf S. 11.

Der von Ulrich Beck geprägte Begriff der «strukturellen Individualisierung» ist Teil seiner Überlegungen zur Theorie reflexiver Modernisierung. Nachzulesen zum Beispiel in dem Aufsatz «Individualisierung in modernen Gesellschaften», zu finden in dem von Ulrich Beck und Elisabeth Beck-Gernsheim herausgegebenen Band «Riskante Freiheiten» (Suhrkamp, Frankfurt am Main 1994).

«Das Leben ist wie eine Bergwanderung», schreibt die Autorin Evelyn Holst in der Zeitschrift *Viva!* («Das Vergnügen leerer Nester», Ausgabe 1/2013, S. 64).

Schon vor etwa zehn Jahren hat der frühere niederländische Ministerpräsident Wim Kok in einem Bericht für die Europäische Kommission beschrieben, wie man die Arbeitswelt so modernisieren könnte, dass man auch in der Mitte des Lebens Zeit für sich selbst oder die Familie fände («Die Herausforderungen annehmen. Die Lissabon-Strategie für Wachstum und Beschäftigung», Bericht der Hochrangigen Sachverständigengruppe unter Vorsitz von Wim Kok, Amt für Amtliche Veröffentlichungen der Europäischen Gemeinschaften, Luxemburg 2004).

... unter den Frauen

«Zu Hause war ich diese Woche gar nicht» lautet die Überschrift des Gesprächs mit vier Frauen aus dem Netzwerk
«Working Moms», das am 16. Oktober 2014 in der *ZEIT*
erschien (S. 67–68).

Sheryl Sandbergs Buch «Lean in. Frauen und der Weg
zum Erfolg» erschien 2013 im Econ Verlag, Berlin. Über
die Debatte, die sie auslöste, berichteten unter anderem
Varinia Bernau in der *Süddeutschen Zeitung* («Heulend
im Büro», 7. Februar 2013, S. 18) oder Mara Delius in der
Welt am Sonntag («Ihr Wille zur Macht», 31. März 2013,
S. 45).

«Die Alles ist möglich-Lüge» haben Susanne Garsoffky und Britta Sembach ihr Buch genannt, in dem sie beschreiben, warum aus Sicht vieler Frauen Familie und
Beruf nicht zu vereinbaren sind (Pantheon Verlag, München 2014).

Antje Schmelcher ist freie Journalistin, sie schreibt unter anderem für die *Frankfurter Allgemeine Sonntagszeitung*. Ihr Buch «Feindbild Mutterglück. Warum Muttersein und Emanzipation kein Widerspruch ist» erschien
im orell füssli Verlag, Zürich 2014.

Anne-Marie Slaughters Artikel «Why women still can't
have it all», erschien 2012 in der Juli/August-Ausgabe des
amerikanischen Magazins *The Atlantic*. Über die Reaktionen darauf schrieb sie am 22. Juli 2012 in der *Welt am
Sonntag* («Mein Text ging um die ganze Welt», S. 11). In
Deutschland fielen uns die Beiträge von Tanja Rest in der
Süddeutschen Zeitung («Ohne dich», 6. Juli 2012, S. 11)
und von Claudia Voigt im *Spiegel* («Frauen können alles
haben», 20. August 2012, S. 122) auf. Wie es ihr in den

Wochen nach ihrem Artikel erging, schilderte Slaughter in diversen Interviews, unter anderem mit Gregor Peter Schmitz und Britta Sandberg im *Spiegel* («Hört mit dem Lügen auf», 2. Juli 2012, S. 57) und Elisabeth Niejahr auf *ZEIT Online* («Wenn Frauen auf die große Macht verzichten», 5. Juli 2012, www.zeit.de/gesellschaft/2012–07/anne-marie-slaughter).

Bascha Mikas Buch über «Die Feigheit der Frauen» erschien im C. Bertelsmann Verlag, München 2011.

«Mama denkt» sei ein Blog über «Alltagsabenteuer, Nachhaltigkeit, Minimalismus und ein bisschen Mamasein», meint Rachel Suhre. Dort schrieb sie, dass Frauen sich leider viel zu oft das Leben gegenseitig schwermachten (www.mamadenkt.de/vereinbarkeit-von-familie-und-beruf).

Von den Reaktionen auf ihre *ZEIT*-Titelgeschichte «Wut der Männer» erzählte uns Elisabeth Niejahr in einem Gespräch, das wir am 10. November 2014 in Berlin mit ihr geführt haben.

Monika Ebeling ist Sozialpädagogin und war Gleichstellungsbeauftragte der Stadt Goslar. «Für diesen Job braucht man eine Gebärmutter» heißt das Interview mit ihr, das bei *Spiegel Online* erschien (www.spiegel.de/karriere/berufsleben/gefeuerte-gleichstellungsbeauftragte-fuer-diesen-job-braucht-man-eine-gebaermutter-a-777422.html).

Gisela Erler ist Familienforscherin, Politikerin und Unternehmerin. Ihr Buch «Schluss mit der Umerziehung! Vom artgerechten Umgang mit den Geschlechtern» erschien 2012 bei Heyne, München.

Die Studie des Familienministeriums, wonach Männer heute nicht mehr nur in Bezug auf Berufswahl und Arbeitsmarkt verunsichert seien, sondern auch im Privaten alle Sicherheiten verloren hätten, stammt aus dem Jahr 2007 und heißt «20-jährige Frauen und Männer heute». Ursula Kosser schreibt darüber in ihrem Buch «Ohne uns. Die Generation Y und ihre Absage an das Leistungsdenken» (DuMont Buchverlag, Köln 2014). Zu dem Thema schreibt auch die Familienforscherin Johanna Possinger: «Wie neu sind die ‹neuen Väter›? Eine Klärung», Lambertus Verlag, Berlin 2013.